Jetzt bin ich Gärtner!

Dorothée Waechter
Fotos von Martin Staffler

Jetzt bin ich
Gärtner!

Schritt für Schritt
zum Gartenglück

Jan Thorbecke Verlag

VERLAGSGRUPPE PATMOS

PATMOS
ESCHBACH
GRÜNEWALD
THORBECKE
SCHWABEN

Die Verlagsgruppe
mit Sinn für das Leben

Für die Schwabenverlag AG ist Nachhaltigkeit ein wichtiger Maßstab ihres Handelns. Wir achten daher auf den Einsatz umweltschonender Ressourcen und Materialien.

© 2017 Jan Thorbecke Verlag der Schwabenverlag AG, Ostfildern
www.thorbecke.de

Gestaltung: Finken & Bumiller, Stuttgart, Saskia Bannasch
Umschlagabbildung: NinaMalyna/iStock
Druck: Himmer GmbH Druckerei, Augsburg
Hergestellt in Deutschland
ISBN 978-3-7995-1145-2 (Print)
ISBN 978-3-7995-1183-4 (eBook)

Inhalt

Was braucht man zum Gärtnern?

Bei Null anfangen – kein Problem

Sie haben noch nie einen Garten gehabt und nun heißt es, ins kalte Wasser springen? Das Wichtigste beim Gärtnern besteht eigentlich darin, dass man gut beobachtet und sich Zeit dafür nimmt. Manche nennen dieses Beobachten auch „mit den Pflanzen sprechen". Das klingt zwar vielleicht ein wenig albern, ist es aber nicht. Man betrachtet die Pflanze, wie sie wächst, wie die Blätter aussehen, ob sie gesund glänzen oder auf der Unterseite Pusteln haben. Und daraus kann man eigentlich ganz intuitiv seine Schlüsse ziehen, ob es der Pflanze gut geht oder nicht. Wichtig ist, dass man nicht nur das Gesamtwerk Garten sieht, sondern jeder einzelnen Pflanze Beachtung und Aufmerksamkeit schenkt. Und man kann ganz zuversichtlich darauf vertrauen, dass man ein natürliches Gefühl für Pflanzen und ihre Bedürfnisse hat. Es mag sein, dass man über einige Besonderheiten stolpert, sich nicht erklären kann, warum beispielsweise der Apfelbaum in einem Jahr richtig viele Früchte trägt und im Jahr darauf kaum die Hälfte dieser Menge auf die Waage bringt. Dann ist aber die Beobachtung der Schlüssel, und man wird schnell mit Hilfe von Internet, Freunden und Fachleuten herausfinden, dass die sogenannte Alternanz beim Apfel ganz normal ist. Die Ausbeute schwankt bei manchen Sorten eben von Jahr zu Jahr, und man kann gewiss sein, dass es im nächsten Jahr wieder anders aussieht. Wer keine Zeit hat, das Gießen vergisst und den Garten nur haben will, um darin zu chillen, der sollte sehr behutsam bei der Planung sein und sich gut beraten lassen, was auch ohne Zutun maßvoll wächst und gut mit wenig Pflege auskommt. Diese Gärten sind letztlich die größere Herausforderung und benötigen eine gute Vorbereitung. Gegebenenfalls sollte man sich darüber im Klaren sein, dass man dann Hilfe braucht, Menschen, welche die erforderlichen Arbeiten für einen machen. Auch das ist ein Weg, der keinesfalls der schlechteste ist.
Wer aber selbst etwas machen will, sollte für sich ein Konzept entwickeln, wie er vorgeht. Schließlich hat man gerade am Anfang ganz schnell das Gefühl

Jetzt heißt es, Ideen entwickeln, planen und die Ärmel hochkrempeln, um loszulegen.

der Überforderung. Ein ganz wichtiges Hilfsmittel sind hier Sonnenblumen und andere Gründüngungspflanzen. Sie verhindern, dass sich Unkräuter ausbreiten, sorgen für schöne Blüten, locken Insekten sowie Vögel an und schützen den Boden. Gerade die Sonnenblumen können, wenn man hohe Sorten wählt, sogar im ersten Jahr für einen guten Sichtschutz sorgen.

Hat man so den Garten erst einmal übergangsweise bestellt, kann man sich mit der Fläche, den Sichtachsen, den Laufwegen und dem Zubehör, das man benötigt, beschäftigen.

Werkzeug und Geräte

Was braucht man zum Gärtnern? Wenn man sieht, wie lang die Regalreihen mit Gartengeräten sind, dann fragt man sich, was für ein Werkzeugpool tatsächlich notwendig ist. Zu der Grundausstattung gehören ein Spaten, eine Grabegabel, eine Hacke, eine Harke und ein Laubbesen. Darüber hinaus braucht man eine Rosenschere, ein Messer, eine Säge und eine Schaufel. Alle Geräte müssen gut in der Hand liegen und sollten Spaß beim Gebrauch machen. Gerade bei Spaten und Grabegabel sollte die Stiellänge zur Körpergröße passen. Im Fachgeschäft kann man von einer guten Beratung ausgehen und auch im Landwirtschaftsbedarf ist es ziemlich sicher, dass man Werkzeuge erhält, die eine hohe Lebensdauer haben. Es ist auch immer die Frage, ob Holzstiel oder -griff besser sind. Das ist recht individuell, aber auf jeden Fall hat der Holzstiel eine gute Haptik, und wenn mal etwas kaputt geht, bekommt man auch ohne Probleme einen neuen Stiel. Nun hat der Markt von Edelstahl bis Kupfer auch hochwertige Materialien zu bieten, die viele Vorzüge, aber auch einen höheren Preis haben. Wichtig ist aber immer, dass man das Spatenblatt und die Hacke nachschärfen kann. Ebenso sollte die Schneide der Schere ausgewechselt werden können.

Bei den motorisierten Geräten ist vor allem der Rasenmäher ein wichtiges Utensil, insofern man tatsächlich einen Rasen anlegen will. Es gibt Kreisel- und Spindelmäher, Elektromäher mit Kabel oder Akku und mit Kraftstoff betriebene Motorgeräte. Letztere können im Aufsitzbetrieb oder als handgeführtes Gerät angeboten werden. Die richtige Variante hängt zum einen von der Größe der Rasenfläche und zum anderen von den Möglichkeiten ab. Habe ich einen Garten, aber keinen Elektroanschluss, dann muss man auf Akku oder Motor zurückgreifen.

Im Anschluss an das Mähen kommt gleich die Frage nach dem Vertikutieren. Ein eigenes Gerät für eine Tätigkeit, die man maximal einmal im Jahr ausführt, sollte man sich auf jeden Fall gut überlegen. Es gibt überall Leihgeräte, die einen guten Dienst tun, und man spart wirklich viel Geld.

Die wichtigsten Werkzeuge, die man für die Bodenbearbeitung und die Pflanzenpflege braucht.

Wer Hecken, Einfassungen und geschnittene Gehölzsolitäre im Garten haben möchte, der sollte hierfür eine gute manuelle und eine elektrische Heckenschere anschaffen. Die Akkuvariante hat zwar meist einen höheren Preis und etwas mehr Gewicht, aber die Unabhängigkeit von einem Kabel ist durchaus mit einem bequemeren Arbeiten verbunden. Wer höhere Hecken gestaltet, sollte sich über die damit verbundenen Schnittmaßnahmen im Klaren sein. Auch eine gute Leiter ist wichtig, damit man sicher arbeiten kann.

Gießen gehört zu den Grundarbeiten. Für die Bewässerung ist eine Gießkanne immer wichtig, aber auch ein Schlauch, mit dem man in jede Ecke des Gartens kommt, ist durchaus hilfreich. Bei der Gießkanne reicht natürlich ein Durchschnittsmodell. Dekorative Kannen haben den Vorteil, dass man sie gerne stehen lässt und bei akutem Wassermangel auch schnell etwas zur Hand hat. Beim Schlauch kann man natürlich direkt einen mit Schlauchwagen nehmen, aber auch eine einfache Vorrichtung, um den Schlauch zusammengerollt aufzuhängen, ist vollkommen ausreichend.

Alles, was über die genannten Geräte hinausgeht, kann im Einzelfall hilfreich sein. Ein Unkrautmesser, ein Zwiebelpflanzer, eine Druckluftspritze, ein Düngerstreuwagen und vieles mehr werden angeboten, aber muss man nicht persönlich besitzen. Freunde mit dem gleichen Hobby helfen gerne aus, denn vieles braucht man nur einmal im Jahr und anschließend muss man sehen, dass man ausreichend Stauraum hat.

Boden und Dünger

Jeder Boden ist anders, und bevor man anfängt zu gärtnern, sollte man sich mit diesem Thema auseinandersetzen und Informationen rund um den Boden im eigenen Garten sammeln. Dabei macht es Sinn, die Fläche in mehrere Teilstücke zu unterteilen, denn nicht überall ist der Boden gleich. Nun geht es daran, den Boden zu beurteilen. Dazu macht man die sogenannte Fingerprobe: Man nimmt mit dem Spaten eine Schaufel Erde auf und versucht dann mit den Händen, die Erde zu kneten. Wenn man tatsächlich feste Kugeln bilden kann, handelt es sich um eine tonige bis lehmige Erde. Ist zwar noch eine Knetbarkeit vorhanden, das Material klebt aber nicht mehr so stark aneinander, dann handelt es sich um einen lehmigen Schluff; und wenn es rieselt und aus relativ groben Körnern besteht, dann hat man einen Sandboden. Ein lehmiger Boden besteht aus vielen sehr kleinen Körnern, die dicht aneinanderkleben. Die Oberfläche des Bodens ist sehr groß, und es kann sich viel Wasser gut sammeln. Allerdings ist die Durchlüftung, die für das Wurzelwachstum und das Bodenleben mindestens so wichtig ist wie Wasser, eher schlecht. Beim Sand sind die Extreme genau umgekehrt.

Dünger: Rinderdung (oben links), Hornspäne (unten links) und Komposterde geben den Pflanzen Kraft.

Zeigerpflanzen Viele Pflanzen zeigen einem die Bodenverhältnisse an, daher macht es Sinn, selbst bei Unkräutern darauf zu achten, wo was wächst. So ist der Schachtelhalm ein Zeichen für tiefe Bodenverdichtungen. Staunässe zeigen Ampferknöterich, Breitwegerich und Ackerminze an. Ein Zeichen für einen trockenen Boden sind Färberkamille, Reiherschnabel und Storchschnabel. Auf sandigen Böden findet man häufig Vogelmiere, Wolfsmilch und Königskerze. Humusreiche Böden sind meist mit Brennnesseln und Löwenzahn bewachsen. «««««««««

Das Wasser rinnt durch, aber es ist viel Luft im Boden. Ein Mittelweg ist für beide Bodentypen das Ideale und beim Ausgleich hilft Humus, der in Form von Mulchhäcksel, reifer Komposterde oder Laub in den Boden gelangt. Er puffert quasi die Eigenschaften und bringt darüber hinaus auch noch Nährstoffe in den Boden.

Kompostieren – Bodenverbesserung zum Nulltarif

Humus ist das beste Mittel, um einen Boden zu verbessern. Man bezeichnet mit dem Begriff die tote, organische Substanz, die man im Boden findet. Bodenorganismen bauen den Humus auf, um und ab. Diese Prozesse werden beim Kompostieren ausgenutzt, und man kann pflanzliche Abfälle sammeln und verrotten lassen, so dass ein reiner Humus entsteht, mit dem man den Boden verbessern kann. Es gibt für den Garten verschiedene Systeme zum Kompostieren: Mieten aus Holz oder Metall, Thermokomposter aus Kunststoff oder auch einfach nur ein Platz, wo alles abgeladen wird. Im Grunde reicht das aus, aber man sollte berücksichtigen, dass ein freier Kompostplatz schnell vergammelt, weil man einfach alles hinwirft. Etwas geordneter funktioniert das, wenn man die Pflanzenabfälle in einem Behälter schichtet. Allerdings wird man schnell merken, dass man mindesten zwei bis drei davon benötigt, weil man entdeckt, wie viel auf dem Kompost verrotten kann. Mal abgesehen von Wurzelunkräutern und kranken Pflanzenteilen sollte nämlich alles, was im Garten anfällt, auf den Kompost. Je gröber die Teile, desto besser ist es, wenn man sie zerkleinert. Staudenschnitt und Zweige vom Strauchschnitt kann man mit einem Häcksler zerkleinern. So wird die Oberfläche größer und die Teile werden rascher umgesetzt. Als Standort eignet sich ein halbschattiges Eckchen. Es sollte nicht im vollen Regenschatten eines

Kompostmiete: Hier verrotten Gartenabfälle und verwandeln sich in wertvollen Humus.

Baumes zu finden sein, denn es wird immer auch ein bisschen Wasser für die Rotte benötigt. Beim Aufschichten gibt man nun immer verschiedene Materialien in dünnen Schichten übereinander auf den Kompost, bis die Miete voll ist. Zwischen die Schichten kann man zum einen etwas reife Komposterde geben, um die Mischung zu impfen, oder man fügt einen Kompoststarter dazu, der neben Nährstoffen auch eine Mischung aus Mikroorganismen enthält. Nach einem Jahr wird der Kompost umgeschichtet und nach einem weiteren Jahr kann man den reifen Kompost durchsieben und dann im Garten verteilen. Gerade durch diese relativ lange Lagerungszeit ist es sinnvoll, mindestens zwei Mieten anzulegen. Nun mag es sein, dass Sie im Herbst so viel Laub sammeln, dass der Kompost überquillt. Das muss nicht sein, denn mindestens so gut wie auf der Miete verrottet das Blattwerk unter den Hecken. Aber man kann auch einfach große schwarze Plastiksäcke mit dem trockenen Laub befüllen und etwas Kompoststarter oder entsprechend reifen Kompost dazugeben. Wenn der Sack voll ist, sollte eine gewisse Feuchtigkeit vorhanden sein. Man schließt den Sack, sticht einige Löcher hinein, und dann wird die Blattmasse über den Winter stark „schmelzen", so dass man den Humus im Gemüsebeet, zwischen den Stauden oder unter der Hecke verteilen kann.

Von einem fetten Boden spricht man, wenn dieser sehr nährstoffreich ist. Man erkennt dieses daran, dass alles sehr gut und üppig wächst. Auf nährstoffarmen Böden kommen daher typischerweise Gänseblümchen, Hungerblümchen, Sauerklee und Hirtentäschel vor. Die Nährstoffverhältnisse hängen meist von dem Ausgangsgestein ab, wobei viele Hausgärten nach den Baumaßnahmen mit Mutterboden angeschüttet werden, der nicht unbedingt von dem Grund und Boden stammen muss.

Ein ganz wichtiges Augenmerk muss man auch auf den pH-Wert legen. Dieser zeigt an, ob der Boden eher viel Kalk enthält oder ob er sauer ist. Bei einem pH-Wert von 6,5 oder niedriger spricht man von einem sauren Boden und über 7,5 ist er alkalisch oder basisch. Bei pH 7 ist das Verhältnis ausgeglichen, also neutral. Saure Böden sind ideal für Rhododendren und Moorbeetpflanzen. Je mehr Humus vorhanden ist, desto wahrscheinlicher ist ein niedriger pH-Wert – es sei denn, die Situation wird durch vorhandenes, natürlich anstehendes Kalkgestein ausgeglichen. Wer viel Kompost verwendet, sollte, auch langfristig, immer mal einen pH-Wert-Test durchführen. Gegebenenfalls gleicht man mit Kalk die Situation aus. Übrigens hat man auch bei vernachlässigten alten Gärten häufig eine sehr saure Bodensituation. Man erkennt das daran, dass Sauerampfer, Ehrenpreis, Sauerklee, Adlerfarn und Ackerziest wachsen. Die Krautflora auf kalkreichen Böden ist gekennzeichnet von Ackergauchheil, Ackerwinde, Gänsedistel, Löwenzahn, Storchschnabel, Wegwarte, Taubnessel, Fingerkraut und Wiesensalbei. Viele Stauden bevorzugen den höheren pH-Wert des Bodens und gedeihen erst, wenn diese Bedingung gegeben ist. Es lohnt sich, die Bedürfnisse zu berücksichtigen, denn nur so werden sich Stauden wie Sommersalbei, Rittersporn, Christrosen und Leberblümchen dauerhaft ansiedeln.

Ein Garant für das Gelingen – Pflanzenqualität

Es gibt unterschiedlichste Größen und Formen, wie Pflanzen verkauft werden. Die bekannteste Art ist die Containerpflanze, blühend, so dass man erkennt, was einen erwartet, und bereits groß gewachsen, damit man rasch einen perfekten Garten hat. Allerdings ist das nur aus optischen Gründen die beste Qualität. Die Pflanzen sind unter Glas gezogen, kennen weder Wind noch pralle Sonne oder gar Regen von oben. Sie haben bereits während des Transports gelitten und sind darüber hinaus wirklich teuer. Eine höhere Qualität und einen dauerhaften Erfolg versprechen Pflanzen, die in der Ruhephase und beziehungsweise oder als Jungpflanze angeboten werden. Sie kommen mit wenig Erde aus und erweisen sich als wüchsig. Häufig ist es auch besser, wenn die Pflanzen sich als Jungpflanzen an die Situation gewöhnen können. So lässt sich ein junger Fächerahorn, der erst kniehoch ist, viel besser etablieren als ein gut zwei Meter hohes Exemplar, das bereits mehrere Jahre alt ist. Bei Gehölzen sind die Qualitätsunterschiede vor allem deshalb recht groß, weil man ähnlich wie bei Rosen gerade im Spätherbst und zeitigen Frühjahr wurzelnackte Ware bekommt. Das sind Pflanzen, die keinen Erdballen haben, sondern nur die blanken Wurzeln zeigen. Dieser Mangel an Erde ist kein Nachteil, sondern im Grunde sehr umweltfreundlich, denn es wird nicht viel Erde durch das ganze Land transportiert. In der kühlen Jahreszeit ist auch die Gefahr nicht groß, dass Wurzeln durch Trockenheit Schaden nehmen, wenn sie nicht in geheizten Räumen gelagert werden. Und für Hecken beispielsweise ist es eine sehr gute Qualität, wenn man wurzelnackte Ware im Bund zu 25 Stück verwendet. Man kann statt vieler Löcher einfach einen Graben schaufeln, die gewässerten Pflanzen hineinlegen, Abstände kontrollieren und anschließend die Erde auffüllen. Auch für Rosen ist die Qualität im Container möglich, aber sicher nicht optimal, da die Wurzeln am besten ungestört in die Tiefe wachsen und Rosen eigentlich im klassischen Sinn keinen Ballen bilden.

Eine sehr hochwertige Variante, die im Baumschulbereich ebenfalls häufig ist, ist die mehrfach verschulte Ware. Es handelt sich hierbei um Gehölze, die immer wieder mit einem Ballen ausgegraben und umgepflanzt werden. So kann sich ein dichter, kompakter Ballen entwickeln, der von einer großen Vitalität gekennzeichnet ist. Diese gilt natürlich auch für die gesamte Pflanze, denn durch die regelmäßige Neubildung von jungen Wurzeln kann die Pflanze sehr gut versorgt werden. Allerdings muss man wissen, dass eine solche Anzucht-methode ihren Preis hat, der aber in jedem Fall gerechtfertigt ist. Sonderangebote verlocken, und auch Pflanzen, die man beim Discounter als Mitnahme-Angebot ersteht, machen den Eindruck, dass man Geld sparen kann. Gewiss: Mit vielen Pflanzen hat man Glück. Die Tatsache, dass ein Son-derangebot vielleicht darauf beruht, dass die Pflanze ein wenig zu lange im Topf gewachsen ist oder ein Teil der Wurzeln braun sind, muss nicht schlecht sein. Auch den Stress von Transport, Verkauf in Räumen mit künstlichem Licht, Zugluft und schlechter Pflege kann nach wenigen Wochen vergessen sein. Aber es muss nicht so sein. Wer beim Gärtner einkauft, der kann sicher sein, dass er nicht nur erstklassige Ware verkauft, sondern einen auch noch berät. Und wenn man die Preise genau vergleicht, wird man merken, dass der Gärtner nicht teurer ist als ein Baumarkt. Die Qualität macht einfach mehr Spaß, und Sie sollten eines wissen: Es kommt nicht darauf an, dass man viele Pflanzen hat, sondern dass man solche hat, die Freude bereiten, gesund wachsen und reiche Ernte bringen.

Aus der Gärtnerei: Neue Pflanzen bringt man im Frühling oder Herbst in den Boden.

Ideensammeln und Gestalten

Wo soll man denn nur anfangen? Das ist sicher die schwierigste Frage. Aber bevor man tatsächlich die Gummistiefel anzieht und sich an die Arbeit macht, stellt sich die viel wichtigere Frage: Was will ich denn in dem Garten machen? Lesen, Blumensträuße binden, Federball spielen, Grillen, Gemüse ernten, den Garten meiner Kindheit wachsen lassen ...? Diese Entscheidung muss man fällen. Vielleicht weiß man das noch nicht so wirklich, dann muss man einfach mal nachspüren, wonach der Sinn so steht. Es heißt Bücher und Zeitschriften wälzen, sich auf den Weg machen und durch Schrebergärten schlendern, Gartenausstellungen besuchen, die offene Gartenpforte nutzen und sich allmählich klar werden: DAS will ich auch. Und dann heißt es Hand aufs Herz und ehrlich sein: Sie wollen den Garten selber gestalten, vom Frühling bis zum Winter für die Pflanzen da sein, sie gießen, schneiden und pflegen. Dann heißt es erstmal Platz dafür im Kalender schaffen. Das ist nicht schwer, denn das Gärtnern macht wirklich viel Spaß, man entspannt, fordert auch mal die Fitness und sorgt für eine große innere Zufriedenheit. Das alles gelingt aber nur mit einem klaren JA.

Anschließend beginnt man zu überlegen, wie man die Ideen umsetzt, wie sie zum Haus, zum Gelände und zu der Umgebung passen. Im Hinterkopf sollte man auch die Größe des Gartens und den Ideenfächer haben. Häufig will man am Anfang viel zu viel, und das erleichtert die Situation nicht. Beschränken Sie sich auf einzelne Projekte, wie die Hecke als Sichtschutz und Rahmen, das Gemüsebeet und vielleicht eine Blumenrabatte. Weiteres kann langsam wachsen, so wie es die Natur vormacht: Jeder Baum fängt klein an und entwickelt sich mit der Zeit zu einem beeindruckenden Blickfang. Geduld ist – neben dem aufmerksamen Blick – die Tugend, die man als Gärtner und Gärtnerin mitbringen muss. Das Wissen lernt man mit der Zeit ganz von allein. Ein Garten ist, bevor er ein solcher wird, zunächst einmal nur Fläche. Diese kann flach und eben sein oder eine Modellierung haben. Den Garten anlegen heißt Räume zu bilden. Diese können durch ihre Funktionalität gestaltet sein oder durch pflanzliche beziehungsweise bauliche Strukturen parzelliert sein. Ein Sitzplatz ist durch seinen Untergrund und seine Möblierung als solcher

Laub-Collage: Es müssen nicht immer Blüten sein. Blattvariationen wirken vom Frühjahr bis zum Herbst.

rasch erkennbar und das Rosenbeet hebt sich durch eine Einfassung aus Heiligenkraut oder Salbei ab. Nun gilt es, diese einzelnen Räume so zusammenzufügen, dass sie homogen und als Einheit zu erkennen sind. Hierbei helfen als horizontale Strukturen die Bereiche der Wege, die durch ihren Verlauf und das Material Verbindungen schaffen. Die vertikalen Strukturen – seien es niedrige Einfassungen, halbhohe Zäune oder hohe Hecken – bilden eine Grundstruktur und sorgen dafür, dass immer noch eine Überraschung möglich ist, weil sie den Blick auf einen einzelnen Raum erst dann preisgeben, wenn man tatsächlich in dem Gartenraum ist.

»»»»»»»»» Gut zu wissen

Aus dem Fenster geschaut Viele Tage des Jahres genießt man den Garten als Bildbetrachter. Das oder die Fenster geben den Ausschnitt vor und so macht es Sinn, diese Blickfelder bei der Gestaltung zu beachten. Sie dürfen präsentieren, sie dürfen neugierig machen – sie sollten aber niemals beliebig sein, weil man vergessen hat, darauf zu achten. «««««««««

Zäune und Hecken

Die wichtigsten Gartenelemente sind einrahmende Zäune oder Hecken, markante Gehölze wie der Hausbaum, die freie Fläche des Rasens, Sitzplätze sowie die Beete für Zier- und Nutzpflanzen. Unerlässlich ist auch ein Arbeitsplatz, der gut mit dem Kompost zu kombinieren ist. Jeder dieser Räume hat besondere Ansprüche an die Lage im Garten, die Besonnung und die Zugänglichkeit.

Es liegt in der Natur der Sache, dass man die Fläche eines Gartens durch einen Rahmen einfassen möchte. Das hat zum einen damit zu tun, dass man seinen Grund und Boden als solchen kennzeichnen will. Zum anderen gilt es das Klima zu verbessern, indem man Wind abhält. Darüber hinaus spielen auch Lärm- und Sichtschutz eine wichtige Rolle. Baulich lassen sich solche Einfriedungen durch Zäune aus Metall oder Holz leicht aufstellen. Optisch sollte man diese Lösungen vielleicht überdenken. Man schaut immer darauf und auch Holz will gepflegt werden. Die Witterung hinterlässt ihre Spuren und als starres bauliches Element kann es auf die Dauer auch als störend empfunden werden.

Hohe Sonnenblumen im ersten Jahr Fast von alleine wächst die Gartengrenze im ersten Jahr – gerade wenn man noch unentschlossen ist, wie man die Fläche einfrieden möchte. Man sät im Frühling Sonnenblumen rund um das Grundstück. Dazu verwendet man Sorten, die nicht nur hoch werden, sondern sich auch verzweigen. Diese Sonnenblumen werden im Laufe des Jahres zu einer dichten Grenze, die nicht nur viele Blüten bringt, sondern auch den Boden tiefgründig lockert. «««««««««

Sträucher – nebeneinander in der Reihe gepflanzt – sind zwar nur bedingt eine undurchdringbare Grenze, leiten aber auf jeden Fall geschickt in das Thema Natur über und gleichzeitig bieten sie eine vielseitige Kulisse. Bei den Hecken unterscheidet man zwischen freiwachsenden und geschnittenen Hecken. Die freiwachsenden Hecken sind ein wahres Eldorado für Vögel und Kleinsäuger. Sie finden hier Schutz und Nahrung. Ein Aspekt, der gegen die freiwachsende Hecke spricht, ist der Platzbedarf in der Breite. Zwei bis drei Meter kann man – je nachdem welche Gehölze verwendet werden – kalkulieren. Die geschnittene Hecke erweist sich hier als gute Alternative. Nur allzu oft hat man

Blühende Grenze: Weigelie (hinten) und Flieder (vorne) entfalten sich im Sommer prachtvoll mit ihrem Blütenschmuck.

allerdings das Gefühl, dass diese Variante sehr steif, geradezu spießig wirkt. Das Gefühl hat sicher seine Berechtigung, aber man kann sich davon auch freimachen, denn keiner sagt, dass eine geschnittene Hecke wie eine eintönige Wand aussehen muss. Trauen Sie sich, Fenster in die Hecke zu schneiden, die Heckenkrone in unregelmäßigen Wellen zu formen und variieren Sie die ausgewählten Arten. Berberitzen und Buchen gibt es mit grünem und rotem Laub, aber auch ganz unterschiedliche Gehölzarten können geschnitten nebeneinander wachsen. Gerade wenn viele verschiedene Blattfarben in Grün und Rot ineinander wachsen, erinnert eine solche Potpourri-Hecke an einen Gobelin. Die Muster lassen sich nur in einem gewissen Rahmen planen und es entsteht ein überraschendes Zusammenspiel, was die Strenge der geschnittenen Form reduziert.

Grenzabstände Für die Bepflanzung von Grundstücksgrenzen gibt es vorgegebene Abstände, die in der Regel in den Landesgesetzen geregelt sind. Die Angaben beziehen sich auf den Abstand vom Stamm zur Grenze. Grundsätzlich sollte man immer vorab die Gesetzeslage klären, denn gerade die Grenzabstände werden leicht zum Streitgrund zwischen Nachbarn. Und damit kann der Spaß am neuen Hobby schnell abnehmen. «««««««««

Bei niedrigen Hecken, die man auch innerhalb des Gartens, zur Abgrenzung und zum Schutz eines Rosenbeetes oder zur Markierung des Sitzplatzes, pflanzen kann, ist die Wirkung nicht so dominant. Man kann diese Hecken mit einem dicken Strich auf einem Bild vergleichen. Damit bekommt ein Gartenelement eine Betonung und vor allem bleiben Strukturen für die Winterbilder erkennbar. Das ist ein sehr wichtiger Aspekt, der durchaus berücksichtigt werden sollte. Niedrige Einfassungen für den Gartenweg sehen immer sehr schön aus, allerdings sind gerade Einfassungen auch manchmal hinderlich bei der Gartenarbeit. Der Transport von größeren Pflanzen und Erdsäcken kann schnell zum Problem werden. Entweder man beschädigt die Einfassung oder man muss die schweren Sachen richtig hochheben. Eine ausreichende Breite des Weges und ein großzügiger Abstand vom Wegrand zur kleinen Hecke helfen, solche Probleme zu vermeiden. Alternativ kann man auch Einfassungselemente verwenden, die baulicher Natur sind. Aus der Erde ragende Ziegelsteine wirken sachlich, während mit Elementen aus Gusseisen oder Ton eine spielerische Note betont wird.

Raumteiler: Die geschnittene, halbhohe Buchenhecke gibt einen Rahmen, der vor Wind schützt.

Der Hausbaum

Neben den halbhohen Sträuchern gehören Bäume zu der Elementen im Garten, die den Raum in der Höhe formen. Zu den Klassikern gehört in diesem Zusammenhang ein Hausbaum. In früheren Zeiten waren solche Gehölze, die in der Nähe eines Wohnhauses standen, Blitzableiter und Feuerversicherung zugleich. Gerade wenn man an Bauernhöfe denkt, kommt das Bild der großen Linde vor dem Eingang, den Kastanien im Innenhof oder den hohen Pappeln hinter dem Hof in den Sinn. Ein Stück dieser Tradition ist geblieben, wenn auch die Hausbäume heute meist viel kleiner ausfallen, weil auch die Grundstücke kleiner sind. Ein Hausbaum zeichnet sich heutzutage vor allem dadurch aus, dass er im Garten markant platziert wird und die Jahreszeiten widerspiegelt. Das gelingt beispielsweise sehr gut bei Obstgehölzen, die im Frühjahr üppig blühen, im Sommer fruchten und im Herbst eine

Amberbaum: Ein flach wurzelnder Baum, der durch seine wunderschöne Herbstfärbung überzeugend wirkt.

wunderschöne Herbstfärbung haben. Ist der Platz gering, kann man auch Wildfrüchte wie die Felsenbirne oder einen Zierapfel verwenden. Ohne den Schmuck von Blüten und Früchten geben Kugelbäume eine gute Figur ab. Der Vorteil: Bäume wie Kugelahorn und der Kugel-Trompetenbaum bleiben in der Größe konstant. Denn gerade im kleinen Garten hat man einen großen Vorteil, wenn die Pflanzen keinen übermäßigen Zuwachs haben.

Es stellt sich häufig die Frage: Wie groß sollte der Baum sein, den man pflanzt? Bei einem jungen Baum kann man die Entwicklung wunderbar beobachten und hat eine stetige Veränderung des direkten Umfeldes durch die Zunahme der Größe. Setzt man ein bereits größeres Gehölz, hat es den Vorteil, dass man sich von Anfang an der Ausmaße bewusst ist und einen klaren Bezugspunkt hat, der etwas darstellt. Übrigens: Hausbäume sind nette Geschenke für den Einzug, zu Familienfesten und Geburtstagen.

Der selbstgezogene Kastanienbaum Es ist Herbst, man sammelt Kastanien mit den Kindern und kommt auf die Idee, dass jedes Kind eine Kastanie im Garten vergräbt. Und tatsächlich: Im Frühjahr kann man dann sehen, dass die ersten Blätter auf einem noch zierlichen Stiel erscheinen. Auch im zweiten oder dritten Jahr sieht man den Sprösslingen nicht an, dass sie mal große Bäume werden wollen. Irgendwann stellt man fest: Das sind ja große Bäume, die machen richtig viel Schatten und nehmen den Stauden ihren Lebensraum. Dann wird es schwierig. Die Bäume sind ans Herz gewachsen, fällen ist keine Option. Klar ist aber auch: Das wird zu groß. Schneiden hilft dann auch nicht, weil es das Wachstum anregt. Besser: Von Anfang an solche Experimente nicht im Garten machen, sondern im Wald. Ob Kastanie, Walnuss oder Eiche spielt keine besonders große Rolle: In den Garten pflanzt man besser kleinere Gehölze. «««««««««

Sitzplätze

Ein Sitzplatz im Garten ist unerlässlich, denn es geht nicht nur darum, immer zu harken, zu schnippeln und zu pflücken, sondern viele neue Ideen sprießen im Kopf beim Beobachten und Träumen. Zudem ist der Garten der Wohnraum des Sommers, in dem Familie und Freunde zusammenkommen, lachen, schwatzen und spielen. Neben allen Flächen für Pflanzen müssen für die zweibeinigen Gartenbewohner Räume vorhanden sein. Eine Hängematte im Baum, ein Sessel neben den Rosen oder eine Bank im Vorgarten gelten ebenso als Sitzplatz wie ein großer Tisch mit Stühlen. Die kleinen einzelnen Sitzgelegenheiten gilt es von Anfang an zu pflegen, denn schon in der Planungsphase bekommt man auf diese Art und Weise ein Gefühl für den Garten. Dabei ruhig mal zu verschiedenen Tageszeiten mit einem Kaffee oder Tee für ein paar Minuten hinsetzen, beobachten und vor dem geistigen Auge Ideen entwickeln. Und dabei ist irgendwo in der Hosentasche immer ein kleines Notizbüchlein, um gute Ideen, Fragen und Bedenkenswertes direkt aufzuschreiben. Bei den Sitzmöbeln kommt es anfangs nicht auf eine schöne Optik an, sondern vielmehr darauf, dass sie da sind.

Beim „großen" Sitzplatz sind die Lage und die Größe entscheidend. Gute Erreichbarkeit erleichtert die Wege, wenn Speisen aus der Küche zu holen sind. Dabei sollte man idealerweise stets trockenen Fußes ins Haus gelangen. Wählt man den Rasen als Weg beziehungsweise als Teilstück des Weges gibt es gerade beim Aufräumen abends schnell mal nasse Füße, weil sich bereits Tau gebildet hat.

Da man den Sitzplatz vor allem nachmittags und abends nutzt, hat eine sonnige Lage in der zweiten Tageshälfte Vorteile. Zudem kann sich der Untergrund ein wenig erwärmen und gibt zu späterer Stunde, wenn die Luft beginnt sich abzukühlen, etwas Wärme ab. Natürlich haben auch schattige Plätze gerade im Sommer eine schöne Atmosphäre, aber man sollte berücksichtigen, dass es immer etwas feuchter bleibt, sich schnell Moos bilden kann und unter Bäumen rieselnde Blüten, Blätter und herabfallende Früchte regelmäßig mit Reinigungsarbeiten verbunden sind.

»»»»»»»» Gut zu wissen

Das Blätterdach Dachplatanen sind normale Platanenbäume, deren Triebe waagerecht und flach wie ein Dach geleitet werden. So bekommt ein Sitzplatz Schatten, und durch die Verdunstung der Feuchtigkeit über die Blätter ist das Klima an heißen Tagen immer ein paar Grad Celsius geringer. Der Austrieb der Gehölze im Frühjahr erfolgt relativ spät – so kann man die angenehm wärmende Frühjahrssonne in vollen Zügen genießen. Einziger Nachteil: Man muss regelmäßig schneiden, damit die flache Krone erhalten bleibt. ««««««««««

Auch der Untergrund will sorgfältig überlegt und fachgerecht angelegt sein. Man kann wählen zwischen einer wassergebundenen Befestigung, die mit einer dicken Schicht Kies oder Splitt abgedeckt wird, oder einem festen Belag aus Beton-, Kunst- oder Naturstein. Die lose Schüttung von Splitt und Kies

Sitzplätze: Der Garten ist auch für Gärtnerinnen und Gärtner ein geschätzter Lebens- und Erholungsraum.

ist vom Preis günstiger, will aber gut gepflegt werden. Gerade im Herbst ist es schwierig Laub herunterzurechen. Was liegen bleibt, bildet Humus, und so entsteht für Unkrautsamen ebenso wie für umherfliegende Blumensamen ein guter Nährboden. Feste Platten dagegen sind leichter zu pflegen, weil man sie einfach mit dem Besen sauber halten kann. Hin und wieder entfernt man Moos und Algen mit Hilfe eines Wasserdampfstrahlers. Insgesamt muss man mit höheren Kosten für die Anlage rechnen, wobei der Preis immer von der Qualität des Materials abhängt.

»»»»»»»»» Gut zu wissen
Eine Frage der Farbe Ein heller Stein reflektiert das Sonnenlicht, während ein dunkler Stein sich durch die Strahlen erwärmt. So ist er auch in den Abendstunden wärmer und gibt die Temperatur langsam an die Umgebung ab, so dass es angenehm ist, den Tag im Freien ausklingen zu lassen. «««««««««

Ein Garten, der sich für Partys eignet, ist durch viele Sitzplätze gekennzeichnet. Mauern und Treppen können ganz schnell für viele Gäste in eine Sitzgelegenheit umgewandelt werden. Daher kann es auch Sinn machen, dass man einen Sitzplatz absenkt und mit einer kniehohen Mauer abfängt.

Der Rasen

Der Rasen erweist sich im Garten als Multifunktionsfläche. Hier kann man spielen, liegen, arbeiten und feiern. Als Ruhepol ist die gleichmäßig grüne Fläche ein sehr wichtiges Gestaltungselement. Und doch kommt man anfangs schon mal auf die Idee, dann doch auf den Rasen zu verzichten, damit man die Vielzahl von tollen Ideen umsetzen kann. Später – mit mehr Erfahrung und der Erkenntnis, dass der Garten eben auch eine Verpflichtung ist – kommt man dann schon mal auf den Gedanken, einfach mehr Beete in Rasen zu verwandeln. Die Kunst besteht eigentlich darin, dass man ein gutes Verhältnis von Rasen zu anderen Nutzflächen hat, wobei das Verhältnis immer auch von der Größe des Gartens abhängig ist. In einem großen Garten behält man mit einem hohen Anteil an Rasen den Arbeitsaufwand im Griff, in einem kleinen Garten sollte immer noch ausreichend Platz für Blumenbeete und Nutzgarten sein. Gegebenenfalls legt man den Rasen als breiten Weg zwischen verschiedenen Bereichen an.

Unter der Rose: Eine rosenumrankte Bank bietet Schatten und Ruhe sowie den Ausblick ins Grüne.

Zum Ernten

In den vergangenen Jahren ist der Reiz am Nutzgarten deutlich gestiegen. Dabei sind es weniger die klassischen Gemüsebeete, die man aus dem Bauerngarten kennt, die angelegt werden, sondern vielmehr Hochbeete oder abgegrenzte Flächen, die für ein bisschen mehr eigene Ernte aus dem Garten sprechen, aber nicht eine reine Selbstversorgung garantieren. Das hat vor allem zwei Gründe: ein klassischer Nutzgarten ist tatsächlich sehr arbeitsintensiv und meist liefert er mehr, als man im Alltag verbraucht. Das heißt dann letztlich, dass man sich die Zeit zum Einfrieren und Einkochen nehmen muss. Ein Hochbeet dagegen bietet begrenzt Platz, man kann sich schneckensicher Salate anziehen, mit den Kindern ausprobieren, wie eigene Tomaten schmecken und schon zeitig im Jahr mal ein paar frische Radieschen aus der Erde ziehen. Das Hochbeet erweist sich darüber hinaus als rückenfreundlich. Wichtig ist, dass das Hochbeet einen sonnigen Platz bekommt, denn so wird das Wachstum gefördert.

»»»»»»»»» Gut zu wissen

Gärtnern im Quadrat Ein Meter mal ein Meter ist die Fläche groß und man unterteilt sie in neun gleichgroße Quadrate. Das ist das Grundprinzip des sogenannten Squarefood-Gardening. Dabei baut man sich aus ca. 30 Zentimeter langen Latten, die mit Winkeleisen verbunden werden, einen Kasten, der mit Erde gefüllt wird. Man kann Gartenerde verwenden, wenn man sich aber nicht sicher ist, ob diese tatsächlich unbelastet ist, kann man auch Blumenerde verwenden. Dabei ist die Investition selbst für ein qualitativ hochwertiges Substrat überschaubar. Jedes Quadrat gibt Platz für eine andere Gemüseart von Zwiebeln über Salat bis hin zu Fenchel, Mangold und Pak Choi. An den Ecken setzt man vielleicht noch eine Kapuzinerkresse oder Ringelblumen und das Nutzgartenglück ist perfekt. Der Vorteil: Mit dem Gärtnern im Quadrat kann man anfangen, selbst wenn man noch nicht so recht weiß, wie der Garten wirklich aussehen soll. ««««««««««

Integrierter Nutzgarten

Ebenso lässt sich der Nutzgarten in den Ziergarten integrieren, wenn man einfach nur mal ausprobieren will, wie denn das eine oder andere Gemüse wächst. Salatsetzlinge füllen im Frühling die Lücken, bis die Stauden herangewachsen sind, Tomaten in Töpfen kommen Ende Mai, Anfang Juni an die

Blumen und Kohl: Gemüse kann sehr dekorativ sein und füllt die Lücken im Staudenbeet.

Stellen, wo Türkenmohn, Kaiserkrone und Tulpen bereits Lücken hinterlassen. Kräuter wie Kerbel, Fenchel und Schnittlauch sind ebenso zierend wie köstlich, so dass man kein eigenes Kräuterbeet anlegen muss. So ergänzen sich die Pflanzen wie in der Natur, und man muss nur gut zum Ernten an die Kräuter gelangen und darauf achten, dass man beim Schnitt den Habitus der Pflanze nicht zu stark verändert. Auf einer Brache kann in den Anfangsjahren die Erde einfach mal mit Zucchini oder Kürbis bepflanzt werden. So sieht man ohne Reue den enormen Platzbedarf und gleichzeitig kann man mal die Ernte erleben. Anschließend lässt sich viel besser beurteilen, ob man dafür Fläche bereitstellen möchte. Der Boden wird durch den Bewuchs geschützt und Unkraut erfolgreich verdrängt.

Blumenbeete

Blumenbeete sind die Kür im Garten, wobei ein wichtiger Aspekt darin besteht, dass zum einen immer etwas blüht und zum anderen Höhe wie auch Farbe harmonisch aufeinander abgestimmt sind. Dafür muss man die Pflanzen gut kennen, was am Anfang vielleicht eine große Herausforderung ist. Darüber hinaus sollte man wissen, dass die Pflanzen besondere Ansprüche an den Boden und die Lichtverhältnisse haben, was bedeutet, dass nicht jede Pflanze an jedem Standort wirklich gut wächst.
Auf der anderen Seite bringen Blätter, Austrieb und Früchte ebenfalls Farbakzente in ein Beet. Bei der Planung gilt es die Hauptblickrichtung zu beachten und Stauden, Rosen, Zwiebelblumen sowie Einjährige und Gräser so miteinander zu kombinieren, dass sie sich vom Wuchs und von der Höhe harmonisch nebeneinander gesellen. Dabei kommt es nicht darauf an, möglichst viele verschiedene Pflanzen in ein Beet zu bekommen, sondern lieber mit Wiederholungen eine farbliche Grundstimmung zu erzeugen. Da Stauden immer ein paar Jahre brauchen, bis sie sich entfaltet haben, ist es von Bedeutung, dass man große Pflanzabstände lässt und diese in den ersten Jahren mit wüchsigen Einjährigen füllt.
Hat man tiefe Beetflächen, so bietet es sich an, auch den einen oder anderen Blütenstrauch zu integrieren. Das hat den Vorteil, dass man zuverlässig eine Struktur im Winterbild findet und farbliche Aspekte auch im zeitigen Frühjahr und späten Herbst zur Geltung kommen. Eine Felsenbirne beispielsweise blüht früh in der Saison und färbt ihr Laub im Herbst nochmals kräftig. Sommerflieder sorgt im Spätsommer für eine große Attraktion mit seinen langen Blütenrispen, und eine Zaubernuss im Blumenbeet bringt winterliche Blüten, während sich der langsam wachsende Strauch in den Sommermonaten dezent im Hintergrund hält.

Farben: Variationen im Farbton und geplante Wiederholungen bringen Spannung in eine Gestaltung.

Bei der Planung lockern attraktive Blätter nicht nur aus, sondern sorgen für eine Verstärkung der Farben und helfen das eine oder andere Mal über die Durststrecken ohne Blüten. Wahre Blattschmuckschönheiten findet man bei den Gräsern, aber auch bei Purpurglöckchen und Funkien.

Ein Platz zum Arbeiten und Lagern

Keine Garage, kein Keller – das kann schon mal vorkommen. Dann hilft es nichts – man braucht ein kleines Gartenhaus, einen witterungsbeständigen Schrank oder Ähnliches, um alle Arbeitsutensilien trocken und sicher zu lagern. Ganz wichtig sind eine Durchlüftung von unten und auch eine leicht schräge Oberseite, damit Laub nicht liegen bleibt. Anderenfalls setzt die Rotte rasch ein, und es kommt darüber hinaus zum Verfall. Es kann sein, dass man an dieser Stelle nochmals etwas mehr investiert oder mit Fantasie aus einem alten Bauwagen oder einem ausgedienten Bauernschrank eine

Gartenhaus: Farblich und gestalterisch fügen sich Holzbauten gut in einen Garten ein.

pfiffige Lösung entwickelt. Es ist keine gute Idee, wenn man gutes Werkzeug anschafft und dieses nicht sachgemäß gelagert werden kann. So ein Lagerplatz, der in den Garten integriert ist, hat viele Vorteile, weil man die Werkzeuge rasch zur Hand hat und auch rasch wieder wegräumen kann. Gleichzeitig ist es aber so, dass ein Geräteschuppen auch die Möglichkeit bietet, einen Arbeitsplatz zum Aussäen, Umtopfen, Sträuße binden und Stecklinge schneiden einzuplanen. Das sollte man unbedingt berücksichtigen, denn es bewährt sich, diese Dinge draußen zu machen. Ein Wasseranschluss an dieser Stelle will man ebenso schnell nicht mehr missen. Und damit dann die Wirtschaftsfläche auch richtig nützlich ist, wird in der Nähe ein Kompostplatz angelegt. Dabei sollte ausreichend Fläche zum Lagern und Umsetzen berücksichtigt werden. Schattierende Bäume sind von Vorteil, aber gleichzeitig können niedrige Varianten oder reichverzweigte Büsche auch einengen.

Übergänge und Verbindungen

Die einzelnen Gartenelemente müssen nun auf der Fläche verteilt und es müssen Übergänge, Verbindungen und gelegentlich auch Abgrenzungen geschaffen werden. Letzteres schafft man mit Flechtelementen aus Zweigen

Materialmix: Der Wechsel im Bodenbelag macht nicht nur optisch auf die Stufen aufmerksam.

oder mit rhythmischen Pflanzungen oder hohen Pflanzen. Auch die Modellierung des Geländes kann helfen, Räume voneinander zu trennen, indem man beispielsweise einen Sitzplatz als Senkgarten mit einem Rahmen aus Blumen anlegt. So entsteht ein geschütztes Klima, das die Wärme des Tages bis in den Abend hält, und eine etwas intime Stimmung. Grenzt man mit Hecken ab, dann macht es Sinn, keine übermannshohen grünen Wände innerhalb der Gartengrenzen zu planen, sondern es bei einer meterhohen Variante zu belassen.

Wege sind die Verbindungslinien zwischen den einzelnen Gartenräumen. Natürlich lässt sich der Rasen immer zu diesem Zweck nutzen, aber man sollte sich auch im Beet immer die Möglichkeit schaffen, alle Bereiche auf einer vorgegebenen Spur zu erreichen. Dabei nimmt der Bodenbelag für Wege am besten das Farbenspiel und Material des Sitzplatzes auf. Allenfalls im Schatten kann es sich anbieten, mit Rindenmulch zu arbeiten. Durch den Laubfall und die höhere Feuchtigkeit in diesen Bereichen neigen Platten immer zum Vermoosen, was in der Pflege aufwendig ist und gerade in der zweiten Jahreshälfte zu mangelnder Trittsicherheit führt.

Wer einen Garten neu anlegt, wird sich mit der Aufteilung vielleicht schwer tun. Wenn man aber die Fläche erstmal sich selbst überlässt (was durch viele andere Arbeiten am Haus meist von alleine passiert), ergeben sich schnell Laufwege und interessante Ecken. Es macht viel Sinn, diese intuitiv entstehenden Wege, die sich alle Familienmitglieder automatisch angewöhnen, nicht durch eine Planung vollkommen über den Haufen zu werfen. Es bringt nämlich nichts. Einmal eingefahrene Wege haben Bestand, auch wenn da plötzlich Salat, Rosen oder Farne wachsen sollen.

»»»»»»»»»»» Gut zu wissen

Durch das Beet Im Beet ist es von großem Vorteil, wenn man Trittflächen einplant. Das können überschüssige Terrassenplatten sein oder kleine Trittflächen aus Backsteinen. Man kann aber trittfeste Stauden wie Polsterthymian, Kamille oder Spanisches Gänseblümchen verwenden. Im Schatten eignen sich Golderdbeere, Fiederkraut und Sternmoos. So wird der Boden nur an einer Stelle verdichtet, und man macht die Mühe der Bodenlockerung nicht gleich wieder zunichte. Wer einen schweren lehmigen Boden hat, mischt die Erde an den Pflanzstellen mit reichlich Sand, damit ein guter Wasserabzug und eine Durchlüftung des Bodens gegeben sind. «««««««««««

Geschwungene Wege: Man wird neugierig, wenn man nicht sieht, wohin der Weg führt.

Die wichtigsten Handgriffe

Gärtnern kann jeder – aber es stellen sich immer wieder die Fragen: Wie geht das? Wie macht man es richtig? Und was für Tricks gibt es, damit etwas leicht von der Hand geht? Gärtnern ist keine Zauberei, und wenn man sich die Pflanze mit ihren Bedürfnissen genauer ansieht, kann man sich eigentlich auch ganz leicht darauf einlassen. Grundsätzlich sollte man sich hochwertige Gartengeräte anschaffen, denn mit gutem Material arbeitet man nicht nur sehr gerne, sondern die Arbeiten gehen auch leicht von der Hand. Dabei ist es auch wichtig, dass die Geräte von der Größe und vom Gewicht zu einem passen. Hierzu finden Sie weitere Tipps auf Seite 8.

Die Bodenbearbeitung

Der Boden ist ein kostbares Gut. In dem Boden wachsen die Wurzeln, und diese sind nötig, damit eine Pflanze Halt bekommt. Außerdem nimmt die Pflanze mit Hilfe der Wurzeln Wasser und Nährstoffe auf. Das Wasser ist ganz wichtig für die Stoffwechselaktivität der Pflanzen, und die Nährstoffe braucht sie zum Wachsen. Ein gut ausgebildeter und aktiver Wurzelkörper kann die Pflanze gut versorgen, und je weiter das Wurzelsystem im Boden verteilt ist, desto besser hat die Pflanze Halt. Sinn und Zweck der Bodenbearbeitung ist es also im weitesten Sinne, dass die Pflanzen eine optimale, vitale Wurzel haben. Ist der Boden locker, reich an einem vitalen Bodenleben, bestehend aus Bakterien, Pilzen und Kleinst- beziehungsweise Kleinlebewesen, hat er ein ausgewogenes Verhältnis an kleinen und größeren Poren, kann er sich leicht erwärmen und Wasser speichern, enthält genügend Luft und die Wurzeln können leicht in die Tiefe wachsen, dann sind die Bedingungen optimal für Pflanzen. Diese Bedingungen sollen also durch die Bodenbearbeitung geschaffen werden.
Ein natürlicher Boden bietet in der Regel gute Wachstumsbedingungen für Pflanzen beziehungsweise es haben sich Pflanzen auf einem natürlichen Boden angesiedelt, die mit den Bedingungen klar kommen. Im Garten hat man

Krümelig: Eine ebene, lockere Bodenoberfläche ist das Ziel des Harkens zwischen den Pflanzen.

es allerdings immer mit einem Kulturboden zu tun. Die Bodenbearbeitung dient also dazu, möglichst schonend optimale Bedingungen herzustellen. Dabei muss man wissen, dass ein Boden ein Lebensraum ist und jede Schicht seine eigenen Organismen hat. Es macht also wenig Sinn, den Boden durch Umgraben ständig durcheinanderzuwirbeln. Viel wichtiger ist es, die Organismen selbst zu stärken, ihnen durch das Zuführen von pflanzlichem Material genügend Nahrung zu geben und die Durchlüftung des Bodens zu fördern.

Umgraben ist daher eine Arbeit, die man nur als grundsätzliche Vorbereitung für eine Fläche machen sollte, wenn man quasi das Kulturland herrichtet. Bei einer Neugestaltung oder einer Umgestaltung macht das Umgraben Sinn, weil man tatsächlich Sand als gröberen Bestandteil und Humus in das Gefüge einbringen kann. Idealerweise gräbt man im Herbst um und lässt über den Winter das Gefüge ruhen, damit sich die Ordnung wieder einstellt. Dabei geht man ganz systematisch vor und arbeitet in Reihen. Die erste Reihe schaufelt man am besten in eine Schubkarre. Anschließend wird die folgende Reihe in die entstandene Furche gefüllt und so geht es immer weiter, bis man den Inhalt der Schubkarre in die letzte Reihe einfüllt. Will man tatsächlich Sand und Humus einarbeiten, wird beides zunächst auf dem Boden ausgebreitet und gelangt durch das Wenden der Erde in die Mischung. Bei lehmigen Böden sieht eine umgegrabene Fläche aus, als sei ein Mini-Pflug durch den Garten gefahren. Es sind grobe Schollen, die liegen bleiben. Diese kann man mit dem Spatenblatt etwas zerkleinern, man kann sie aber auch einfach belassen. Dadurch, dass Frost einwirkt in den Winterwochen, wird die Struktur nämlich automatisch zerkleinert. Das hängt damit zusammen, dass sich Wasser in den Poren beim Gefrieren ausdehnt und später beim Tauen wieder zusammenzieht. Es entstehen Hohlräume und die festen Brocken zerbröseln automatisch.

Gehacktes: Die schmale Hacke mit den langen Zinken lockert Unkraut und belüftet den Boden.

Alternative Gründüngung Wer nun aber erst im Frühjahr so weit ist, dass der Boden gelockert werden kann, der sollte diese Arbeit der Natur überlassen und mit einer Gründüngung arbeiten. Dabei handelt es sich um Pflanzen, die ausgesät werden. Es sind Pflanzen wie Borretsch, Sonnenblume und Bienenfreund, die mit ihren robusten, weit verzweigten Wurzelsystemen das Bodengefüge durchdringen. Wenn man die Pflanzen abmäht, bleiben die Wurzeln als Humus im Boden und die Struktur ist gelockert. Weiterhin werden auch Pflanzen mit sogenannten Knöllchenbakterien als Gründüngung ausgebracht. Es sind vor allem Schmetterlingsblüher wie Klee-Arten und Lupinen. Sie reichern den Boden mit Stickstoff an, weil sie den in der Luft befindlichen Stickstoff im Boden binden können. Wer weiß, dass es im Boden schädliche Nematoden (Fadenwürmer) gibt, der setzt neben dem Bienenfreund auch Tagetes als Gründüngung ein, weil sie diese nämlich vertreiben können. «««««««««

Hacken

Während das Umgraben eine nur in größeren Zeitabständen erforderliche Maßnahme der Bodenbearbeitung ist, sollte man regelmäßig den Boden hacken, wenn er nicht mit einer Mulchschicht bedeckt ist. Durch natürliche und künstliche Beregnung des Bodens entwickelt sich nämlich in der oberen Bodenschicht eine Kruste, die verhindert, dass der Gasaustausch und die Abtrocknung des Bodens problemlos funktionieren. Daher sollte man die obere Schicht vor allem im Sommer in mehrwöchigen Intervallen aufhacken. Hierzu kann man Hacke, Schuffel oder Dreizahn verwenden, je nachdem, was man gerade zur Hand hat. Gleichzeitig wird bei dieser Arbeit auch das Samenunkraut gejätet. Also Franzosenkraut, Springkraut, Wolfsmilch und Weidenröschen werden mit der Wurzel aus dem Gefüge des Bodens gelockert und können dann leicht abgesammelt werden.

»»»»»»»»» **Gut zu wissen**
Wurzelunkräuter Wer im Garten Wurzelunkräuter wie Giersch, Winden und Quecken hat, der sollte hier sehr gründlich beim Entfernen sein. Es reicht meist nicht, normal zu jäten, sondern man muss mit einem Unkrautstecher oder einer Grabegabel die Wurzeln lockern und sie möglichst weit aus dem Boden entfernen. Kleinste Teilstücke können rasch wieder austreiben und sorgen dafür, dass man schon nach wenigen Wochen wieder an die Arbeit muss. Ist die Fläche stark bewachsen mit Unkräutern, dann deckt man sie komplett dick mit mehrlagiger Pappe oder schwarzer Folie ab. Es kann dann ein bis zwei Jahre (!) dauern, bis man Giersch & Co. verbannt hat, aber es lohnt sich unbedingt, weil diese Unkräuter zu den Spaßbremsen beim Gärtnern zählen. «««««««««

Schonende Bodenpflege

Den Boden zu pflegen, heißt ihn in seiner natürlichen Struktur zu stärken und das Bodenleben anzuregen. Die besten Helfer sind hierbei abgestorbene Pflanzenreste, die durch die Aktivität des Bodenlebens wieder in Nährstoffe umgewandelt werden. Es macht also viel Sinn, vom Frühjahr bis in den Herbst immer wieder organisches Material in einer dünnen Schicht auszubringen. Für den Start einer solchen regelmäßigen Bodenpflege muss man nur darauf achten, dass genügend Stickstoff im Boden vorhanden ist, denn dieser wird für die Umsetzung benötigt. Er kann in Form von organischem Dünger basierend auf Tierdung oder Hornresten beziehungsweise auf pflanzlicher Basis in Form von Melasse hinzugefügt werden. So verhindert man, dass der Stickstoff den Pflanzen zum Wachstum fehlt. Die Schichten, die man verteilt, sollten immer nur dünn sein und nicht zu fein. Rasenschnitt beispielsweise bildet, wenn er als dickere, nasse Schicht ausgebracht wird, eine zusammenklebende, schlecht durchlüftete Masse. Mischt man sie mit Häcksel oder Kompost, verkleben die Halme nicht und können gut verrotten. In der Regel braucht man den Humus, den man ausbringt, nicht in die Erde einarbeiten. Diese Arbeit übernehmen fleißige Regenwürmer und andere Bodenbewohner ganz von allein. Eine solche Mulchschicht verhindert das Austrocknen des Bodens, schützt vor UV-Strahlung und vor Verdichtung durch Wassertropfen. Das Hacken kann man sich sparen. Auch Flächen, die brach liegen, weil man die Bepflanzung noch nicht vorgenommen hat, deckt man besser ab, um sie zu schonen und zu verhindern, dass sich Unkräuter von alleine ausbreiten.

Gepflanzt: Aus dem Topf kommt die Staude in ein ausreichend tiefes Loch, so dass sie bündig im Beet steht.

Ab in die Erde

Will man neue Pflanzen im Garten ansiedeln, dann ist man stets versucht, von heute auf morgen einen perfekten Garten entstehen zu lassen. Man kauft große, alte Bäume, setzt ausgewachsene Stauden, rollt den grünen Rasenteppich aus und pflanzt eine Hecke, die einen perfekten Sichtschutz bietet. Auf den ersten Blick ist diese Methode für einen Instant-Garten verlockend und heute auch jederzeit möglich, wenn man entsprechend viel Geld auf den Tisch legt. Es ist aber eigentlich nicht das, was man unter Gärtnern versteht. Denn Gärtnern ist ein Hobby, das sich mit dem Wachstum der Pflanzen auseinandersetzt. Man verwendet kleine Pflanzen oder nimmt gar Samen, setzt sie und sorgt wie ein Dirigent dafür, dass alles zu einer Einheit zusammenwächst. Das kann Jahre dauern, man lernt die Pflanzen kennen, kann lenkend eingreifen, und die Pflanzen gewöhnen sich von klein auf daran, wie die vorhandenen Bedingungen in einem Garten sind. Nicht nur hinsichtlich der Kosten für die Pflanzen ist die Instantvariante im Nachteil, auch hinsichtlich der Transportkosten ist sie unterlegen, und wenn man erst anfängt zu gärtnern, ist es eine große Herausforderung, sich von heute auf morgen um große Pflanzen zu kümmern. Sie brauchen sehr viel mehr Fürsorge und sind anfälliger für extreme Witterungssituationen als Jungpflanzen.

Die richtige Pflanzzeit ist in der Regel eine Ruhephase der Pflanze. Für die meisten Pflanzen ist es entweder das Frühjahr und oder der Herbst. Bei laubabwerfenden Gehölzen sind die frostfreien Perioden des Spätherbstes und Winters ideal, weil Transport und Eingewöhnung ganz allmählich passieren und nur selten akute Stresssituationen durch Trockenheit und Wind

Gelockert: Ein Baum wird in ein großes Loch gesetzt und der Grund zuvor gut gelockert für ein rasches Einwachsen.

entstehen. Immergrüne dagegen sollten im Spätsommer oder Frühling gepflanzt werden. Sie müssen unbedingt vor dem Winter eingewurzelt sein, damit sie sich auch im Winter selbst mit Wasser versorgen können. Viele Stauden vertragen es gut, im Frühling gepflanzt zu werden. So nutzt man den Start in die neue Vegetationsperiode zum Anwachsen, denn gerade im Frühling ist die Wurzelbildung sehr aktiv. Es gibt natürlich einige Ausnahmen wie beispielsweise die Pfingstrosen, die recht tief in der Erde sitzen und deren neue Triebe im Frühling sehr leicht abbrechen. Hier ist es besser, wenn man im Herbst pflanzt, weil man nichts kaputt machen kann. Auch die frühlingsblühenden Zwiebelpflanzen müssen bereits im Herbst gesetzt werden, denn sie bilden meist noch im Herbst Wurzeln, um dann im Frühling direkt mit der Blüte in die Saison starten zu können. Für die meisten einjährigen Sommerblumen sowie sommerblühende Zwiebelblumen wie Dahlien ist es ideal, bis zu den Eisheiligen zu warten, um sie auszupflanzen, weil die Gefahr von Nachtfrösten anschließend geringer ist und sich der Boden bereits etwas erwärmt hat, was für das Wachstum ideal ist.

Unabhängig von der Pflanzzeit und ganz gleich, welche Größe eine Pflanze hat, die Pflanzstelle muss sorgfältig vorbereitet werden. Zuvor sollten das Pflanzgut allerdings gut gewässert werden. Vorbereiten der Pflanzstelle heißt nicht nur, ein Loch zu graben, sondern das Erdreich auch am Grund der Pflanzstelle zu lockern. Bei größeren Aushüben kann man die Grabegabel nehmen, ansonsten einfach mit der Handschaufel ein paarmal graben. Damit die Lockerung von Dauer ist, macht es Sinn, etwas reife Komposterde und bei lehmigen Böden auch etwas Quarzsand unterzumischen. Nun wird die gewässerte Pflanze ausgetopft.

Idealerweise nimmt man nochmals Maß, ob der Wurzelballen tatsächlich locker in dem Pflanzloch steht und bündig mit der Erdoberfläche abschließt. Gegebenenfalls korrigiert man die Tiefe des Pflanzlochs, indem man entweder etwas vom Aushub einfüllt oder noch etwas tiefer gräbt. Bei großen Gehölzen kann man zum Messen einfach eine Dachlatte quer über das Pflanzloch legen, um zu sehen, ob der Wurzelballen tatsächlich hineinpasst. Anschließend füllt man allen Aushub – am besten mit etwas Kompost vermischt – wieder auf. Mit den ausgestreckten Fingern kann man die Erde etwas andrücken. Hüten sollte man sich vor dem Rat, die Erde anzutreten. Das hat viel zu viel Druck, der die gerade frisch gelockerte Bodenstruktur wieder verfestigt. Das Material rutscht besser durch das Angießen zusammen Aber auch hier: Gießen, nicht einschlämmen. Manchmal dauert es eine Woche, bis die Erde nachgerutscht ist, was aber keine Beeinträchtigung ist, wenn man dann immer noch darauf achtet, die Löcher zu füllen. Außerdem kann man aus überschüssigem Aushub einen kleinen Wall um jede Pflanze aufschütten, damit das Gießwasser tatsächlich nach unten versickert und nicht seitlich über die Beetfläche verläuft.

Im Anschluss an die Pflanzung muss man darauf achten, dass die Neupflanzung nicht vertrocknet. Die Wurzeln haben noch keinen Bodenschluss und daher können sie sich noch nicht sehr gut selber versorgen. deal ist es daher, wenn man eine Schlechtwetterphase zum Pflanzen nutzt, weil es häufiger regnet und man nicht ständig ein Auge darauf haben muss, dass die Pflanzen optimal versorgt sind.

Angebunden: Eine weiche Sisalkordel gibt einem jungen Baum Halt, damit er gerade einwurzelt

Pflanzabstände sind in der Regel in Katalogen beziehungsweise auf den Etiketten verzeichnet. Sie geben an, wie viele Pflanzen einer Sorte auf einen Quadratmeter gepflanzt werden sollten. Bei Jungpflanzen kann eine frisch bepflanzte Fläche dann auch mal kahl wirken, und man mag Zweifel haben, ob das wirklich ausreichend ist. Machen Sie nicht den Fehler und pflanzen gegen den Rat dichter, denn das ist nicht nur teurer, sondern macht auch rasch wieder Arbeit, weil man ausdünnen muss. Bei Stauden, die mitunter zwei bis drei Jahre benötigen, um die Zwischenräume zu füllen, kann man einfach ein paar einjährige Sommerblumen in die Lücken setzen. Sie sorgen für mehr Blütenfülle, bedecken den Boden und verhindern, dass sich Unkräuter in den Lücken breit machen. Farblich und in der Höhe sollten die Studentenblumen, Ringelblumen, Zinnien und Schmuckkörbchen mit den Stauden harmonieren.

Bei Bäumen, die man neu pflanzt, ist ein Stützpfahl hilfreich, damit sie gerade einwurzeln. Nicht selten kann sich der Stamm mit der Krone durch anhaltend starke Winde leicht neigen. Daher wird ein Stützpfahl gleich nach der Pflanzung auf der dem Wind zugeneigten Seite in die Erde geschlagen. Mit einem Naturstrick aus Sisal oder Kokosfasern wird der Baum nun befestigt. Dabei sollte ohne Knoten eine Schlinge in Achtform um Stamm und Pfahl gelegt werden. Das Ende wird dann sorgsam um das Mittelstück aufgewickelt, und die Verbindung wird so stabilisiert. Im Frühling, wenn der Baumstamm dicker wird, muss man nachsehen, ob noch genügend Luft zwischen Rinde und Strick ist, so dass erstere nicht beschädigt wird oder der Strick gar einwächst. Wenn der Baum richtig eingewurzelt ist, kann man den Stützpfahl auch entfernen.

Gießen

Wenn Pflanzen anwachsen oder es selten regnet, kann die künstliche Bewässerung notwendig werden. Es ist eine Hilfe für die Pflanzen, damit diese möglichst wenig Stress mit der Wasserversorgung haben und keine Kraft dadurch verlieren. Natürlich ist es heutzutage sehr einfach, einen Regner aufzustellen oder den Gartenschlauch anzustellen und den erforderlichen Wasserbedarf der Pflanzen zu decken. Man sollte aber unbedingt darauf achten, dass nicht zu viel Wasser vergeudet wird und bedenken, dass richtiges Gießen dabei hilft, Wasser zu sparen.

Grundsätzlich ist ein lockerer, humusreicher Boden am besten in der Lage, Wasser zu speichern. Daher ist es gut, wenn man regelmäßig Kompost ausbringt beziehungsweise Häcksel, Rasenschnitt und Laub auf dem Erdreich verrotten lässt, damit der Humusgehalt des Gartenbodens möglichst hoch ist und ein natürlicher Wasserspeicher im Boden vorhanden ist.

Der nächste Punkt ist die Tatsache, dass sich Pflanzen selbst versorgen sollten. Das können sie am besten, wenn sie ein Wurzelsystem haben, das in die Tiefe des Bodens reicht. Ein Boden, der immer nur oberflächlich eine perfekte Feuchtigkeit aufweist, ist in dieser oberen Schicht gut durchwurzelt. Bei Wind und sommerlichem Sonnenwetter ist diese Schicht aber auch ganz schnell ausgetrocknet und die Pflanzen reagieren mit Welke. Gießen heißt also, Wasser in tiefe Schichten bringen und die Pflanzen anregen, nach unten zu wurzeln. Hier hält sich die Feuchtigkeit besser, und die Pflanzen können sich

Gewässert: Gießkannen dürfen im Garten bereit stehen, damit man Trockenheit schnell beheben kann.

selbst versorgen. Deshalb sollte man lieber seltener, aber dann langanhaltend gießen. Hilfreich für diese Bewässerung sind Bewässerungsschläuche, die porös sind oder winzige Tropfstellen haben. So kann langsam und stetig Wasser in das Erdreich sickern, eine das Wachstum fördernde Feuchtigkeit im Boden entstehen und dabei noch viel Wasser gespart werden. Diese Schläuche werden fest in die Pflanzung integriert und im beziehungsweise auf dem Boden verlegt. In jedem Fall ist es wichtig, dass man im Frühling durch regelmäßiges Wässern die Wurzelbildung in die Tiefe fördert, damit sich später im Sommer die Pflanzen – abgesehen von großen Trockenperioden – selber versorgen können.

>>>>>>>>>>>> Gut zu wissen

Gießen heißt gucken Das Schöne am Gießen besteht nicht nur darin, dass man sehen kann, wie sich die Pflanzen über die Feuchtigkeit „freuen", sondern dass man Zeit hat zum Beobachten. Man geht den Garten mit Ruhe ab, schließlich will man gezielt und tiefgründig wässern. Da kann man sehen, wie sich Knospen entwickeln, wo vielleicht Schädlinge die Blätter zerfressen, in den Morgenstunden begegnet man dem knallroten Lilienhähnchen auf den Lilienblättern und man weiß auch schnell, wo welcher Vogel brütet. Es ist nicht nur eine Zeit der Gartenarbeit, sondern eine Zeit, in der man seinen Garten jedes Mal ein Stückchen besser kennenlernt. <<<<<<<<<<<

Über den Zeitpunkt des Gießens in den Sommermonaten macht man sich meist wenig Gedanken. Es ist erfrischend nach einem heißen Tag zu gießen und ab und an auch mal Wasser über die Beine rinnen zu lassen. Aber den Pflanzen tut das weniger gut. Sie bekommen nach dem Stress der Trockenheit und starken Sonneneinstrahlung gleich den nächsten – nämlich die Kälte und Nässe. Welke ist zwar sicher immer ein Zeichen, dass es zu heiß und zu trocken ist, aber es ist kein Hilferuf. Vielmehr kann man Welke als Selbsthilfe ansehen. Die Pflanzen reagieren, versuchen die Blätter nach unten hängen zu lassen, damit sie nicht so exponiert sind und der Druck in den Zellen sinkt, damit nicht zu viel Feuchtigkeit verloren geht. Gießt man abends nicht, dann regenerieren sich die Pflanzen über Nacht von alleine und können am Morgen das Gießwasser optimal aufnehmen und nutzen. Dabei werden die Reserven aufgefüllt und ganz normal wird der Stoffwechsel angekurbelt. Der zusätzliche Nutzen des morgendlichen Gießens liegt darin, dass die Blätter schnell wieder abtrocknen, weil die Temperatur steigt. So können sich in der Feuchtigkeit keine Pilzkrankheiten breitmachen und die Luftfeuchtigkeit ist

Gemulcht: Reife Komposterde sorgt für eine gute Wasserhaltefähigkeit des Bodens.

dennoch ein bisschen erhöht. Außerdem sind die Schnecken, die das feuchte Klima lieben, wegen des zunehmenden Lichts schon wieder auf dem Rückzug. Gießt man abends, fühlen sie sich über Nacht pudelwohl und machen sich genüsslich über die Blätter und Knospen her. Nachteil des abendlichen Wässerns ist außerdem die hohe Verdunstung. Es wird viel Wasser ausgebracht, aber es gelangt nicht zu den Pflanzen, weil es erstmal verdunstet. Außerdem kommen Gewitter häufig in der Nacht und wenn es geregnet hat, dann muss man nur dort gießen, wo nicht genügend Wasser hingekommen ist.

Nährstoffversorgung

Pflanzen, die blühen und fruchten sollen, brauchen Nährstoffe, die durch Rückschnitt, Fruchten und Ernte dem Kreislauf entzogen werden. Daher muss man dafür sorgen, dass möglichst viel, also zum Beispiel Schnittgut und Laub, an Ort und Stelle wieder eingebracht werden. Für die Bilanz reicht dieses aber nicht, und so muss man außerdem noch weitere Nährstoffquellen nutzen. Die sicher gebräuchlichste und auch beste ist reife Komposterde aus der eigenen Herstellung. Darüber hinaus kann man gerade Pflanzen, die viele Nährstoffe brauchen, mit organischem oder anorganischem Dünger versorgen (siehe auch Seite 10). Bei anorganischem Dünger ist die Wirkzeit recht unmittelbar. Der organische braucht etwas mehr Vorlauf, was aber in der Regel gut zum Wachstumsrhythmus der Pflanzen passt. Es ist nämlich so, dass Pflanzen nicht direkt im Frühling mit dem Austrieb am meisten von den Nährstoffgaben profitieren, sondern dass die Nährstoffe zur Blüte zur Verfügung stehen sollten. Hierzu zwei Beispiele, die klar machen, warum die etwas spätere Verfügbarkeit für das Wachstum vorteilhaft ist:

Gedüngt: Hornspäne werden locker ausgestreut und dann in den Boden eingearbeitet.

» Haben die Rosen zum Austrieb reichlich Nährstoffe, wachsen sie rasch und bilden viele Blätter. Die Qualität dieser Pflanzenteile ist aber nicht unbedingt hochwertig, denn die Nährstoffe haben die Zellbildung angekurbelt und so ist das Gewebe schwammig und weich. Der Nachteil liegt dann in einer größeren Anfälligkeit für Pilzkrankheiten.

» Bei Tomaten ist es gut, wenn zunächst der Dünger noch nicht verfügbar ist, weil die hungernden Pflanzen so frühzeitig das Programm Blütenbildung starten. So sind bereits weit unten am Stängel Früchte. Wenn dann die Nährstoffe einige Wochen später verfügbar sind, können weitere Blütenstände und kräftige Früchte entwickelt werden.

Bei Frühjahrsblühern wie Narzissen und Tulpen muss der Nährstoff spätestens zur Blütezeit verfügbar sein, damit die Pflanzen wieder viele Stärkereserven in der Zwiebel einlagern können, bevor sie in die sommerliche Ruhephase gehen.

Zusammenfassend ist es von Vorteil, organische Dünger dann auszubringen, wenn man merkt, dass sich das Wachstum regt. Umsetzungsprozesse, die dadurch im Boden angekurbelt werden, regen das Bodenleben an und fördern die Erwärmung des Bodens. Mit der Blütenpracht im Laufe des Monats Mai kann man nochmals Dünger verteilen. Damit endet dann aber auch die Zeit der aktiven Nährstoffversorgung, denn ab Ende Juli müssen die Pflanzen zum Abschluss des Wachstums kommen, damit die Triebe ausreifen und die Winterhärte erreicht wird. Da die Temperaturen dann zunächst nachts und später auch tagsüber sinken, werden die Nährstoffe darüber hinaus nicht mehr gebraucht und durch die zunehmenden Regenfälle ungenutzt ins Grundwasser gespült.

Grundsätzlich sollte man Dünger aber nicht überall – annähernd wahllos – verteilen, sondern es macht viel Sinn wirklich nur da zu düngen, wo die Nährstoffe gebraucht werden. Also direkt an den Pflanzen. Die Zwischenräume brauchen keinen Dünger, sonst macht man nur den Unkräutern das Leben noch leichter.

Schneiden

Schneiden tut weh – das ist eine sehr menschliche Ansicht, die leider viel zu häufig auf den Rückschnitt von Pflanzen bezogen wird. Schnittmaßnahmen zählen zu dem Können des Gärtners, denn mit Hilfe von gezielten Schnitten wird das Wachstum angeregt und gelenkt. Doch bevor es darum geht, wann man wo richtig schneidet, sollte man wissen, dass hierbei scharfes Werkzeug ganz wichtig ist. Gleichzeitig ist beim Schnitt die Hygiene von großer Bedeutung. Bakterien und Pilze können beim Schneiden leicht von Pflanze zu Pflanze übertragen werden. Deshalb sollte man immer eine Desinfektionslösung und einen Lappen dabei haben, um die Schnittflächen zu reinigen. Im Herbst und Winter kann man auch eine Feuerschale nutzen und in der Hitze der Glut die Keime an den Schnittflächen abtöten.

Schneidet man Gehölze, so muss berücksichtigt werden, dass die Rückzugsräume der Vögel und Kleinlebewesen durch den Rückschnitt nicht gefährdet werden. Daher gilt in vielen Bundesländern ein Verbot von Ende Februar bis Anfang Oktober. Allerdings betrifft dieses Verbot nicht den Rückschnitt des Zuwachses. Heckenschnitte sind also möglich. Der Schutz der nistenden Vögel sollte aber ganz unabhängig vom Kalender erste Priorität sein und nicht der Wortlaut des Gesetzes. Ebenso sollte man sich darüber im Klaren sein, dass abgestorbene Gräserhorste für den Winter willkommene Schutzräume sind und man sie wie Stauden vielleicht besser bis zum Ende des Winters stehen lässt. Ebenso können Samenstände von Blütenpflanzen eine wichtige natürliche Nahrungsquelle darstellen.

Will man mit dem Schnitt eine Pflanze vitalisieren, gilt es vor allem alte Triebe herauszuschneiden. Dieses gilt besonders für Blütensträucher wie Weigelie, Flieder und Forsythie sowie Kletterrosen. Die jungen Triebe mit einer wenig verholzten Rinde sind vital und blütenreich und sollten gefördert werden. Alle anderen schneidet man am besten an der Basis ab. Ideal ist hierfür der Jahresbeginn, weil so der Neuaustrieb angeregt wird.

Stauden gehören geschnitten, bevor der Austrieb beginnt. Danach können sie gut alleine wachsen. Allerdings kann man im Mai gerade bei Pflanzen, die im Hochsommer blühen, nochmals die Spitzen von jedem dritten Stängel ausknipsen. So wird der entspitzte Trieb etwas langsamer wachsen und etwas später erst Blütenstände entwickeln. Man verlängert also die Blütezeit und sorgt gleichzeitig dafür, dass die Triebe etwas besser durchlüftet werden. Darüber hinaus wird die Standfestigkeit gefördert.

Rosen schneidet man im Herbst nach der Blüte nur wenig. Hohe Sorten und Formen können etwas eingekürzt werden, damit sie nicht vom Schnee breit aufgedrückt werden. Erst im Frühling ist es dann Zeit, die Rosenstöcke zurückzuschneiden. Dann regt man mit dem Schnitt den Neuaustrieb an.

Dabei gilt es immer, dicht über einer Knospe zu schneiden und die Richtung dieser zu berücksichtigen. Zeigen die Knospen nach innen, wird der Rosenstock innen eher dicht und schlecht belüftet. An Wegen und Durchgängen sollten die Knospen aber auch nicht nach außen zeigen, weil sonst diese Triebe immer im Weg sind.

Frühlingsblühende Gehölze, die man zurückschneiden möchte, sollte man immer nach der Blüte schneiden, da sich die Blütenknospen am einjährigen Holz bilden. Dagegen können sommerblühende Sträucher auch noch im Frühling zurückgeschnitten werden.

»»»»»»»» Gut zu wissen

Rosenschnitt zur Forsythienblüte Es stellt sich ja immer schnell die Frage, wann man am besten die Rosen schneidet. Die Forsythienblüte ist ein sicheres Zeichen, dass die Zeit reif ist. Sie variiert natürlich von Region zu Region, aber so ist man auf der sicheren Seite, dass der Neuaustrieb keinen Schaden seitens der Witterung nimmt. ««««««««

Tipps für den Heckenschnitt

» Eine Hecke sollte oben immer schmaler als unten sein, damit genügend Licht an den unteren Bereich einer Hecke kommt und dieser auch dicht belaubt ist. Die Wände werden also nicht gerade heruntergeschnitten, sondern leicht schräg.

» Großblättrige Heckengehölze schneidet man besser nicht mit der elektrischen Heckenschere, weil sonst zu viele Schnitte durch die Blätter gehen, diese braun werden und das Bild unschön aussieht.

» Spannen Sie sich eine rote Schnur entlang der Schnittlinie, um gerade Kanten zu schneiden.

» Schneiden bei bedecktem Wetter ist ideal, weil die freigelegten Blätter immer etwas lichtempfindlich sind.

» Bei sonnigem Wetter immer Vlies bereithalten, damit man die frisch geschnittene Hecke in der Mittagszeit schattieren kann.

Gekürzt: Im Frühling können sommerblühende Sträucher wie der Sommerflieder kräftig geschnitten werden.

Vom Frühlings- und Herbstputz

Zweimal im Jahr sollte man sich richtig Zeit nehmen, um die Beete zu putzen. Im Frühling beginnt man am besten vor dem Austrieb damit, weil man so am wenigsten kaputt macht. Dabei werden Unkräuter entfernt, trockene Triebe abgeschnitten und der Boden behutsam gehackt. Es bietet sich an, jetzt einen Dreizahn oder einen einzinkigen Sauzahn zu verwenden, um keine Neutriebe von Zwiebelblumen zu zerstören. Auch sollte das Gerät nur zur Lockerung gezogen und nicht in den Boden geschlagen werden. Anschließend werden die kahlen Horste von Stauden mit Komposterde bedeckt und eine Schicht mit Häckselmaterial wird in den Zwischenräumen verteilt, damit der Boden bedeckt ist und Unkräuter nicht keimen können. Natürlich fördert diese Bedeckung der Zwischenräume die Lebensbedingungen für Schnecken, aber man sollte hier gut abwägen, was wichtiger ist. In der Nähe von schneckenempfindlichen Pflanzen kann man besser mit Sand oder Nadelstreu arbeiten. Sie trocknen schneller ab und sind scharfkantig. Wenn alle Arbeiten abgeschlossen sind, kann man auch bereits Staudenhalter aufstellen und Pfähle zum Anbinden von Stauden, die leicht umfallen. Die Pflanzen lässt man in die Staudenhalter hineinwachsen und mit zunehmender Höhe werden die Drahtringe einfach nach oben geschoben, damit weiterhin ein guter Halt gewährleistet ist.

»»»»»»»»» **Gut zu wissen**
Staudenhalter aus Haselnussrute Will man Geld sparen, kann man auch verzweigte Haselnussruten vom Herbstrückschnitt aufbewahren und im Frühjahr als Stützen verwenden. Sie werden mittig in die Horste gesteckt, damit die Triebe hineinwachsen und zusätzlichen Halt bekommen. «««««««««

Im Herbst, wenn die Asternblüte vorbei ist, folgt ein zweiter großer Putz in den Beeten. Dabei wird vor allem alles an Pflanzen zurückgeschnitten, was durch Selbstaussaat lästig werden kann. Hierzu gehören beispielsweise die hohen Herbstastern, die man eigentlich nur in bestimmten Farben haben möchte. Alle anderen Pflanzen bleiben stehen. Es werden aber nochmals die Formschnittelemente wie Einfassungen, Kegel, Säulen und Kugeln geschnitten, damit im Kontrast zwischen den naturbelassenen Pflanzen und den geformten Sträuchern schöne Winterbilder entstehen können. Pflanzen, die im Winter Schutz brauchen, sollten noch nicht vor Jahresende abgedeckt werden,

Geputzt: Im Blumenbeet werden im Frühling die abgestorbenen Triebe vor dem Austrieb zurückgeschnitten.

sondern besser erst im neuen Jahr. Hierzu kann man gut die Zweige vom Tannenbaum verwenden. Sie lassen Luft durch, stellen aber einen guten Schutz dar. Vor dem Winter muss auch der Rasen vom herabgefallenen Laub befreit werden. Es wird zusammengeharkt, damit Licht und Luft an die Grasnarbe kommt. Ist es zu viel Blattwerk zum Kompostieren, kann man es einfach unter den Sträuchern und auf Baumscheiben ausbreiten. Auch auf die Gemüsebeete kann das Blattwerk verteilt werden. Man deckt dann reife Komposterde darauf, damit das Laub nicht bei Wind direkt wieder verweht wird.

Die Sache mit dem Unkraut

Es sind keine Neuheiten, die Sie nun lesen, aber man muss sich darüber im Klaren sein:
» Unkräuter sind auch Pflanzen.
» Unkraut entsteht in unserem Kopf.
Was soll das heißen? Natürlich handelt es sich bei Unkräutern um Pflanzen, die nützlich und heilend, essbar und schön sind. Sie wachsen, vermehren sich, brauchen Nährstoffe sowie Wasser und werden von Tieren gefressen beziehungsweise besiedelt. In gewisser Weise sind Unkräuter also Konkurrenten zu unseren Zier- und Nutzpflanzen. Sie können Krankheiten übertragen, Schädlingen Unterschlupf bieten – aber sie tun auch viel für das ökologische Gleichgewicht im Garten. Die eine Pflanze mehr, die andere weniger. Wir müssen also eine Einstellung dazu finden, was wir weg haben wollen und was wir durchaus gebrauchen oder schön finden.
Zunächst geht es aber auch darum, die Unkräuter kennenzulernen. Zu wissen, wie sie sich vermehren, wann sie wachsen, wo sie nützen und wo sie schädigen, ist die eine Sache. Die andere ist wirklich zu wissen: Who is who? Aus welchem Sämling wird eine Distel und aus welchem eine Glockenblume. Hier ist genaues Beobachten unersetzlich. Darüber hinaus wird man entdecken, dass sich in jedem Garten(-teil) andere Unkräuter wohlfühlen. Die im Vorgarten müssen nicht im Gemüsegarten sein. Aus dieser differenzierten Sichtweise heraus kann man sehr viel besser entscheiden, dass die Brennnessel am Kompost stehen bleiben darf, dass man sie aber frühzeitig aus der Staudenrabatte entfernt. Nehmen Sie sich am Anfang Zeit für dieses Wissen, denn so bekommen sie bewusst das Unkrautthema in ihr Handeln einbezogen. Mancher Breitwegerich darf eben wachsen, damit man sich schnell bei einem Stich helfen kann, das Springkraut wird entfernt und die Brennnessel bleibt teilweise für die Raupen und Schmetterlinge stehen, und damit der Giersch weiter geschwächt wird, macht man aus den Blättern Salat.

Gefegt: Laub wird vom Rasen gefegt und kompostiert oder unter den Gehölzen zum Verrotten verteilt.

Krank? – Was nun?

Kranke Pflanzen sind ein Zeichen dafür, dass etwas nicht stimmt. Es kann sein, dass die Pflanze zu schwach ist oder zu stark gedüngt wurde. Der Bestand kann zu dicht sein, so dass er nicht gut durchlüftet ist, oder die Pflanze steht an einer zugigen Stelle. Eine Krankheit kann sich aber auch vom Nachbarn, durch Unkräuter oder durch infizierte Pflanzenreste ausbreiten. Grundsätzlich ist es wichtig, dass man zunächst nach der Ursache sucht, denn das Ziel besteht ja darin, nicht möglichst viel zu spritzen gegen die Krankheitserreger und Schädlinge, sondern die Pflanzen so zu behandeln, dass keine Angriffsmöglichkeit besteht.

An erster Stelle steht natürlich die Analyse: Was hat die Pflanze? Der zweite Schritt sollte dann aber nicht heißen: Und was kann ich dagegen spritzen? Sondern: Warum hat die Pflanze diese Krankheit bekommen? Läuse sind häufig dann auf den Blättern, wenn Pflanzen schnell wachsen und es sehr windig ist. Schnecken sind dann da, wenn es auf der einen Seite zarte Blätter und Triebe gibt und auf der anderen Seite die Nächte feucht sind. Ein lockerer Mulch ist beispielsweise ein idealer Rückzugsort. Mein Rat: Gehen Sie der Sache auf den Grund. Und dann heißt es, die Pflanzen stärken. Dazu kann man Tees und Brühen aufsetzen, das Bodenleben anregen und Nährstoffe geben. Auch die Veränderung der Luftfeuchtigkeit kann manchmal Wunder wirken.

Klassische Hausmittel gegen Schädlinge

Läuse: Sprühen mit einer Mischung aus Wasser, Spülmittel und Spiritus; Brennnesseljauche

Pilzkrankheiten bei Rosen: Eine Tasse Milch auf einen Liter Wasser geben und regelmäßig die Pflanzen damit besprühen.

Pilzkrankheiten im Gemüsegarten: Schafgarbenbrühe

Rote Spinne und Milben: Schachtelhalmbrühe
Schildläuse und Rost: Wurmfarnbrühe
Erdflöhe, Weiße Fliegen: Rainfarnbrühe

Man muss aber nicht nur bekämpfen, sondern sollte sich auch immer Helfer in den Garten holen. Die sogenannten Nützlinge sorgen dafür, dass die Schädlinge im Garten nicht überhand nehmen. Deshalb gilt es darauf zu achten, dass sich Vögel im Garten wohlfühlen. Viele Singvögel ernähren sich von Insekten und machen keinen Unterschied, ob sie schädlich oder nützlich für die Pflanzen sind. Sie greifen zu, wo das Angebot groß ist. Andere Nützlinge kann man mit Hilfe von einem Insektenhotel locken und auch klassische Methoden, wie ein Topf mit Holzwolle, sind bei Ohrenkneifern begehrt. Sie dezimieren die Läuse, ebenso wie Marienkäfer. Gegen Schnecken helfen Igel, und so sind zahlreiche Kreisläufe vorhanden, die bei der Schädlingsbekämpfung wichtig sind. Wenn ich nun aber mit chemischen Zusammensetzungen arbeite, kann ich nicht verhindern, dass Schäden entstehen und das gesamte Gefüge aus dem Gleichgewicht gerät.

Die Gartenpflanzen

Bei der Auswahl der Gartenpflanzen stehen der Standort und die Wirkung im Vordergrund. Zugleich gilt es zu bedenken, dass einige Pflanzen giftig sind. Wer Kinder hat, sollte bei der Wahl solcher Pflanzen vorsichtig sein. Das eigene Kind kann man anlernen, aber wenn Freunde da sind, weiß man nicht, wer was in den Mund steckt.

Grünes

Laubabwerfende Gehölze

Laubabwerfende Gehölze sind für die Struktur eines Gartens von großer Bedeutung, weil sie die Vertikalen betonen. Dabei übernehmen sie Aufgaben als Hausbaum, Sichtschutzhecke und Kulisse. Beliebte Hausbäume sind Amberbaum, Felsenbirne, Eberesche, Ginkgo, Scheinakazie und Trompetenbaum. Als Hecken haben sich Buche und Hainbuche bewährt, aber auch Kornelkirsche und Strauchhortensien lassen sich in einer Reihe wandartig aufbauen. Grundsätzlich sind Gehölze wichtige Lebensräume und Nahrungsquellen für Tiere im Garten. Mit dem Laubabwurf kommt noch ein für die Wirkung des Gartens wichtiger Aspekt hinzu: Die Jahreszeiten werden sichtbar.

Der **Amberbaum** entwickelt sich im Laufe der Jahre zu einem stattlichen Gehölz, das vor allem durch die intensive und späte Laubfärbung auffällt. Wenn man den Amberbaum pflanzt, muss man wissen, dass der Wurzelkörper flach ist und es eine Staudenunterpflanzung immer schwer haben wird sich durchzusetzen.

Buchen haben vor allem als Heckengehölz eine große Bedeutung. Sie wachsen schnell und sind gut schnittverträglich. Im Herbst bleibt das trockene Laub an den Trieben und es fällt erst ab, wenn die neuen Blätter im Frühling erscheinen. So ist auch im Winter ein Sichtschutz gegeben.

Felsenbirnen blühen vor dem Blattaustrieb und haben im Herbst leuchtend orangefarbenes Laub. Der Wuchs ist nach oben trichterförmig in die Breite und kann durch Schnitt problemlos im Zaum gehalten werden.

Flieder blüht im Mai und zählt zu den schönen Blütengehölzen des Gartens. Er braucht etwas Platz, um gut zur Geltung zu kommen. Der Duft der Blüten ist kräftig und angenehm.

Buche: Sattes Grün und gute Schnittverträglichkeit sind die Vorzüge der Buchenhecke.

Forsythien haben im März ihren Höhepunkt, wenn die gelben Blüten sprießen. Für Rosenbesitzer ist die Blüte das Signal, dass die Rosen geschnitten werden sollten. Die Forsythien bilden kräftige mehrtriebige Sträucher, die man dadurch vital hält, dass man alte Triebe regelmäßig herausnimmt.

Hainbuchen sehen der Buche ähnlich und können auch als geschnittenes Heckengehölz verwendet werden. Die Blätter sind allerdings matt und tief geadert.

Hortensien werden in Strauch- und Bauernhortensien unterteilt. Letztere lieben einen frischen, humosen Boden und ein eher kühles Klima. Sie blühen im Sommer in Blau oder Rosa, und anschließend bleiben die kugeligen Blütenstände an den Trieben, weil sie die oberste Knospe, in der die Blütenanlage für das nächste Jahr steckt, vor Frost schützen. Nur die abgetrocknete Spitze wird dann im Frühjahr kurz vor dem Austrieb abgeknipst.

Strauchhortensien haben cremefarbene bis weiße ballförmige Rispen. Der Schnitt dieser Hortensien ist ganz einfach, weil die im Frühling wachsenden Triebe erst die Blüten bilden, man also so viel schneiden kann, wie man will. So kann man auch die Höhe quasi „steuern".

65

Japanischer Ahorn wächst im Laufe der Jahre zu einem malerischen Hausbaum heran. Die in die Breite wachsenden Äste geben dem Gehölz eine sehr markante Form, die mit der Färbung der Blätter im Herbst ihren Höhepunkt hat. Wichtig ist ein leicht saurer Boden, der einen guten Wasserabzug hat und locker ist.

Kornelkirschen zählen zu den Vorfrühlingsblühern und Wildfruchtgehölzen. Die kleinen gelben Blüten erscheinen im Februar an den Trieben vor den Blättern. Die roten Früchte sind im August reif. Das dichte Astwerk ist bei Vögeln als Nistplatz beliebt.

Magnolien haben große Blüten, die im April erscheinen. Damit sie bei Kälte keinen Schaden nehmen, ist ein geschützter Standort wichtig. Wer wenig Platz hat, wählt eine Sternmagnolie, die strauchig wächst und etwas kleiner bleibt.

Der **Roseneibisch** blüht im Juli und August mit großen, sehr dekorativen Schalenblüten. Er braucht einen sonnigen Platz und sollte möglichst wenig geschnitten werden, weil er sonst aus der Form gerät. Der Blattaustrieb erfolgt verhältnismäßig spät im Frühjahr.

Hortensie: Bei ausreichender Feuchtigkeit sind Hortensien wundervolle Sträucher für den Schatten.

Waldrebe: Die Ranken legen sich elegant um Zäune, wachsen in Gehölze und präsentieren prachtvolle Blüten.

Sommerflieder lockt im Hoch- und Spätsommer zahlreiche Schmetterlinge und Insekten an. Das macht diesen Strauch besonders wertvoll. Man kann ihn im Frühjahr kräftig zurückschneiden, um den Wuchs zu zügeln.

Waldreben zählen zu den Klettergehölzen. Sie haben viele verschiedene Arten. Ende April ist die Bergwaldrebe in zartem Rosa auf dem Blühkalender, im Sommer folgt die Italienische Waldrebe mit zahlreichen Sorten, und bis in den Winter blüht die Goldwaldrebe mit kleinen gelben Glöckchen. Alle Waldreben brauchen einen schattigen Wurzelbereich mit einer frischen, humosen Erde. Waldreben werden alle sehr tief in die Erde gesetzt, sogar tiefer als im Topf.

Weidenblättrige Birnen sehen Olivenbäumen sehr ähnlich, weil sie ein silbriges Laub haben. Die winterharten Gehölze kann man gut schneiden und als markanten Blickfang hinter einem Blumenbeet, im Vorgarten oder als Paar rechts und links des Wegesrandes platzieren.

Weigelien sind klassische Blütensträucher, die im Frühsommer rosa blühen. Die Sträucher vergreisen leicht, daher sollte man den Neuaustrieb anregen, indem man die ältesten Triebe bodennah abschneidet.

Die **Zaubernuss** ist ein dekorativer Kleinstrauch, der langsam wächst und keinen Schnitt braucht. Die Blüten öffnen sich im Winter und duften sehr fein. Im Herbst präsentiert sich das Laub in einer goldgelben Färbung.

»»»»»»»» Gut zu wissen
Weitere empfehlenswerte Laubgehölze für den Garten Berberitze / Birke / Deutzie / Eberesche / Ginkgo / Hartriegel / Judasbaum / Kolkwitzie / Perückenstrauch / Scheinakazie / Schneeball / Trompetenbaum / Waldgeißblatt / Winterjasmin / Zierquitte / Zierapfel / Zierkirsche «««««««««

Immergrüne Gehölze

Immergrüne Gehölze bringen im Winter eine grüne Note in den Garten. Das gilt auch für Nadelgehölze, abgesehen von der Lärche. Allerdings ist es am besten, wenn man nur kleine Akzente setzt, denn wenn der Garten zu viel Immergrünes enthält, wirkt er statisch, und der Wechsel der Jahreszeiten rückt in den Hintergrund.

Buchsbaum zählt zu den beliebten immergrünen Gehölzen. Er braucht einen kalkhaltigen, nährstoffreichen Boden. Da er ein typisches Schnittgehölz ist, sollte man regelmäßig Nährstoffe geben, damit er gut versorgt und widerstandsfähig ist. Vor allem Buchsbaumzünsler und das Buchsbaum-

Flieder: Duftwolken machen sich zur Blüte im Mai im Garten breit. Anschließend erfolgt der Rückschnitt

Triebsterben befallen in den letzten Jahren den Buchsbaum sehr stark und sorgen dafür, dass die Pflanzen nicht mehr so viel verwendet werden.

Kamelien sind edle Winterblüher, die vor allem in den Wintermonaten einen Standort brauchen, der eine hohe Luftfeuchtigkeit hat und wenig Sonneneinstrahlung. Anderenfalls leiden die Sträucher unter Trockenheit und werfen die Blüten ab.

Kriechspindeln sind kleine Gehölze, die man als Einfassung verwenden kann. Wenn man sie vor Mauern setzt, klettern sie recht zügig in die Höhe. Ebenso sind sie ideal, um eine Hecke von unten zu wachsen zu lassen.

Die **Lorbeerkirsche** wird häufig verwendet, um im Handumdrehen in einem neuen Garten den Sichtschutz zu gewährleisten. Allerdings ist das gestalterisch und ökologisch keine wirklich gute Lösung, zumal man auch mit dem Schnitt viel Arbeit hat. Die Blätter sind groß und mit der Heckenschere entstehen hässliche Schnittstellen, so dass man besser mit der Hand schneiden sollte. Wählen sie lieber eine laubabwerfende Alternative, um ihrem Garten einen Rahmen zu geben.

Rhododendron heißt übersetzt Rosenbaum, weil er sehr dekorative Blütenstände hat und verholzt. Die Vielfalt ist sehr groß, aber man sollte wissen, dass der Rhododendron einen sauren, frischen Boden benötigt. Der Rückschnitt alter Sträucher ist problemlos im zeitigen Frühjahr möglich.

Stechpalmen sorgen mit ihren roten Beeren im Winter für schöne Gartenbilder. Dafür muss man aber darauf achten, dass man eine weibliche Form hat, die tatsächlich Früchte ansetzt. Die glänzend grünen Blätter haben an den Rändern zum Teil sehr dornige Auswüchse. In sehr kalten Klimazonen ist die Stechpalme frostgefährdet.

»»»»»»»» Gut zu wissen
Weitere empfohlene Nadelgehölze Eibe / Hemlocktanne / Kiefern / Lärche / Lebensbaum / Tannen / Wacholder ««««««««

Blumiges

Rosen

Sie zählen zu den Gehölzen und tragen besonders große und schöne Blüten, die im Sommer den Garten zieren. Häufig kommt noch ein angenehmer Duft als Eigenschaft hinzu. Nicht ohne Grund nennt man die Rose „Königin der Blumen". Nach der Wuchsform unterscheidet man Beet-, Bodendecker-,

Rosen: Sie sehen nur schön aus, wenn sie gesund sind. Robuste Sorten sind hier ganz klar im Vorteil.

Kletter- und Strauchrosen. Darüber hinaus gibt es noch die sogenannten Alten und Englischen, die Edel- und die Wildrosen. Sie alle brauchen einen nährstoffreichen, humosen Gartenboden, damit sie sich prachtvoll entwickeln können. Allerdings muss man auch wissen, dass die Schönheit gepaart ist mit einer ganzen Reihe von Krankheiten und Anfälligkeiten. Vor allem das Laub wird häufig von Pilzkrankheiten wie Rosenrost, Sternrußtau und Mehltau befallen. Bei der Sortenwahl ist es deshalb wichtig, dass man nicht nur auf die Schönheit der Blüten und den Wuchs achtet, sondern auch der Blattgesundheit eine Bedeutung zumisst. Fachbetriebe für Rosen geben diese Eigenschaften immer in der Beschreibung mit an. Ebenso wichtig ist es, dass man Rosen mit Nährstoffen versorgt. Dabei sind organische Dünger zu empfehlen, weil sie langsam die Nährstoffe freisetzen und so verhindern, dass die Blätter rasch und weich wachsen, sonst haben die Pilze es leicht, in das Gewebe einzudringen.

Ebenso sollte man wissen, dass man bei den Rosen von einer Bodenmüdigkeit spricht. Diese tritt auf, wenn man alte Stöcke entfernt und durch neue ersetzen will. Diese jungen Pflanzen, bei denen man eigentlich von einer großen Vitalität ausgehen sollte, zeigen sich schlecht wachsend. Vermutlich sind Stoffe im Boden, die ein gutes Wachstum verhindern. Daher muss man entweder gut fünf Jahre warten, bis man neue Rosen pflanzt, oder aber man tauscht den Boden tiefgründig mit dem Boden von einer anderen Stelle im Garten aus. Gestalterisch sollte man bei der Sortenwahl immer darauf achten, dass die Rosen entweder mehrfach blühen oder dass sie sich im Herbst mit Früchten schmücken. **Kletterrosen** kann man gut verwenden, um Wände oder Rankgerüste mit Rosen zu verzieren. Alte Obstbäume, die nicht mehr gut im Ertrag sind, können zum Rankgerüst für die sogenannten **Ramblerrosen** werden. Diese weichtriebigen Rosen sind sehr wüchsig und haben eine Vielzahl von meist intensiv duftenden, kleinen Blüten, die in dichten Büscheln stehen. **Bodendeckerrosen** wachsen im Grunde wie kleine **Strauchrosen**. Diese Sorten breiten sich mitunter über einen halben bis ganzen Quadratmeter aus mit ihren Trieben. Sie eignen sich gut, um größere Flächen rasch zu begrünen und helfen dabei, Hänge zu befestigen. Unkraut wird durch Bodendeckerrosen verdrängt. Wenn man **Hochstammrosen** hat, trifft man meist wieder auf die Sorten der Bodendeckerrosen, die auf einen Hochstamm veredelt werden. Da Rosen erst im Juni blühen, sind sie ideale Partner für Frühlingsblüher wie Tulpen und Narzissen. Während der Blüte passen Rittersporn und Glockenblumen als stattliche Blütenstauden zu den **Beetrosen**, während kleinere Schönheiten wie Schleierkraut, Frauenmantel, Storchschnabel und Wollziest sich dekorativ und dezent zugleich über den Boden ausbreiten und verhindern, dass der Boden zu stark austrocknet.

Frühlingsblüher

Im Frühling spielt sich viel im Halbschatten und Schatten ab, weil die Laubgehölze noch keine Blätter tragen und so die Pflanzen das gute Lichtangebot nutzen. Aber auch viele kleinere Pflanzen blühen jetzt, weil sie aus den Bergregionen stammen, wo die Saison durch Eis und Schnee nur wenige Monate dauert. **Bergenien** haben große, meist wintergrüne Blätter und kräftige Blütenstängel mit rosaroten Blüten. Sie zählen zu den Stauden und vermehren sich durch dicke Rhizome. Das bedeutet, sie bilden im Laufe der Jahre kleine Matten. Bei der Sortenwahl drauf achten, dass einige im Herbst nochmals blühen. Darüber hinaus sollte man auf eine Herbstfärbung achten. **Christrosen** zählen zu den Stauden. Sie bevorzugen kalkhaltige Böden, daher hilft es, ein Stück Tafelkreide bei der Pflanzung in die Pflanzstelle zu legen, um die Bodenverhältnisse zu verbessern. Man unterscheidet die weiße

Narzissen: Die Zwiebelblumen sorgen für einen blumigen Start in die Saison.

Christrose, die meist schon zu Weihnachten blüht und etwas kleiner bleibt als d e ab März blühenden Lenzrosen, die durch Züchtung in vielen verschiedenen Blütenfarben zu haben sind. Die Palette reicht von Weiß über Rosa bis hin zu Gelb, Violett und Schwarz. Nicht selten werden die Blüten im Winter von Mäusen gefressen, obwohl die Pflanzen giftig sind.

Hornveilchen gibt es im Frühjahr in vielen Variationen für den Topfgarten, aber man kann sie natürlich auch gut ins Beet pflanzen, wo sie sich rasch entfalten und meist bis in den Juni üppig blühen. Wenn man ab Mai gelegentlich etwas Flüssigdünger direkt an die Pflanzen gibt, bleibt die Vitalität länger erhalten. Sie zählen zu den Zweijährigen, im Beet versamen sie aber leicht.

Kaukasusvergissmeinnicht haben sehr dekorative herzförmige Blätter, über denen die zarten himmelblauen Vergissmeinnicht-Blüten schweben. Die Staude ist robust und wächst im Halbschatten und Schatten. Dabei kann sie den Wurzeldruck von Gehölzen gut ertragen. Besonders schön sind Formen mit einer weißen Zeichnung auf den Blättern.

Narzissen gibt es in allen Variationen. Die Zwiebeln werden im Herbst in die Erde gelegt, und dann ist es wichtig, dass das Winterende ausreichend feucht ist, damit sich die Blüte üppig entwickelt. Die Zwiebeln bleiben in der Erde und vermehren sich dort.

Schneeglöckchen sind ein wichtiger Meilenstein, wenn es darum geht, das neue Frühjahr einzuläuten. Im Herbst werden Zwiebeln angeboten, aber im Grunde ist es besser, man kennt jemanden, der ein paar Pflanzen abgeben kann. Diese werden direkt nach der Blütezeit verpflanzt. Später verwildern Schneeglöckchen von allein. Die kleinen weißen Blüten halten sich mehrere Wochen, und ein Platz am Hauseingang oder direkt an der Terrasse lädt dazu ein, die Fortschritte im Frühling zu beobachten.

Tränendes Herz ist eine Staude, die sich auf einem frischen, humusreichen Boden im Garten wohl fühlt. Es gibt sie in Rosa, Rot und Weiß. Das Blattwerk der gut 40 Zentimeter hohen Pflanzen wirkt zart, ist aber keine Futterquelle für Schnecken.

Traubenhyazinthen kommen im März zur Blüte. Die kleinen blauen Blüten kann man überall im Frühlingsgarten haben. Sie stören nicht und sorgen für viel Farbe im Garten.

Schneeglöckchen und Krokus: Die kleinen Zwiebelblumen verwildern im Laufe der Zeit von alleine.

Tulpen: April und Mai sind die Monate der Tulpen, die mit ihren großen Kelchen viel Farbe versprühen.

Tulpen gibt es in reicher Zahl. Die kleinen Botanischen Tulpen sind langlebig und reichblühend. Die großen Tulpen können meist nach drei bis vier Jahren vergehen. In der Regel entfernt man sie nach der Blüte und pflanzt im Herbst wieder neue, vitale Zwiebeln.

Vergissmeinnicht gehören zu den Zweijährigen. Sie bilden im Sommer eine Rosette und kommen im folgenden Frühjahr zur Blüte. Lässt man die Pflanzen lange genug stehen, versamen sie von alleine. Dort wo sie stören, kann man die Vergissmeinnicht einfach entfernen.

Zierlauch gibt es in vielen verschiedenen Variationen. Die hohen Arten mit den großen Blütenständen, die zum Ende des Frühlings auf kräftigen Stielen über den Beeten zu schweben scheinen, sind besonders eindrucksvoll. Sie vermehren sich leicht durch Tochterzwiebeln.

Frühsommerblüher

Wenn der Frühling sich in den Sommer verwandelt, beginnen die Stauden in die Höhe zu wachsen. Die Sommerblumen halten sich noch zurück und auch die Dahlien, die gerade erst ausgepflanzt worden sind, stecken noch in den Kinderschuhen. Aber eine ganze Reihe von Stauden zeigt sich bereits von ihrer prachtvollen Seite.

Akelei versamt von alleine und man merkt kaum, dass es sich dabei eigentlich um eine eher kurzlebige Pflanze handelt. Sie wandert zwischen sonnigen und halbschattigen Beeten umher und trägt ihre duftigen Blüten auf kräftigen Stielen.

Bartnelken sind zweijährig und müssen vorgezogen werden. Die Blüten stehen sehr kompakt und man kann sie gut für Sträuße verwenden. Ideal ist ein Platz neben dem Gemüsebeet, wo es nicht auffällt, wenn man sich mal ein paar Stiele für die Vase schneidet.

Lupinen wachsen gut auf leicht sauren Böden mit wenigen Nährstoffen. Sie bilden kräftige Blütenkerzen in leuchtenden Farben und zugleich reichern sie den Boden mit Stickstoff an, da sie zu den Schmetterlingsblühern gehören, die an ihren Wurzeln sogenannte Knöllchenbakterien haben, welche Luftstickstoff binden können.

Pfingstrosen haben prachtvolle Blüten auf kräftigen Stängeln. Bei der Sortenauswahl gilt es neben der Farbe auch die Blütenfüllung zu

Pfingstrosen: Robust und blütenreich sorgen die Stauden über Jahrzehnte für üppige Pracht.

berücksichtigen. Hierzu ein Tipp: Besser einfach blühende oder halbgefüllte nehmen, weil die ganz gefüllten Blüten bei Regen schwer werden und nach unten hängen. Die Stauden werden am besten im Herbst gepflanzt, im Frühling ist die Gefahr groß, dass man die Triebe versehentlich abknickt.

Pfirsichblättrige Glockenblumen sind sehr schöne Stauden, die am besten an den Rand des Beetes oder neben den Weg gepflanzt werden. Sie haben nämlich sehr niedriges Blattwerk und nur die Blütenstängel ragen gut 60 bis 80 Zentimeter in die Höhe. Im Staudenbeet bekommen sie daher nur wenig Licht und verschwinden nach wenigen Jahren.

Rittersporn ist imposant mit seinen blauen Blüten, aber leider auch nicht ganz einfach zu ziehen. Die jungen Triebe sind bei Schnecken sehr beliebt und daher sollte man hier immer ein Auge auf die Pflanzen haben. Während der Blüte macht es Sinn, mit Staudenhaltern den bis zu 180 Zentimeter hohen Stielen Halt zu geben.

Sommermargeriten sind etwas kräftiger als die Wiesenmargeriten und mehrjährig. Sie brauchen einen nährstoffreichen Boden mit viel Humus, damit sie gut gedeihen.

Fingerhut: Im Halbschatten verwildern Fingerhüte im Laufe der Jahre, wenn man die Samenkapseln reifen lässt.

Sterndolden entwickeln sich im Halbschatten sehr gut. Sie sind ein wenig zurückhaltend, aber auf Grund der halbkugeligen Blütenstände ein schöner Blickfang. Sie lassen sich auch für Blumensträuße gut verwenden.

Storchschnabel gibt es ab dem Frühsommer. Die sicherlich besten Sorten für Anfänger heißen `Rozanne´ oder `Jolly Bee´. Die Pflanze bedeckt, ohne zu wuchern, eine Fläche von gut einem Quadratmeter und blüht vom Frühsommer bis in den späten Herbst; sie ist gesund und vital. Mit dem Frost bricht das krautige Gerüst zusammen und im folgenden Jahr treiben neue Triebe aus dem Wurzelstock.

Hochsommerblüher

Der Hochsommer erreicht vor allem durch zahlreiche einjährige Sommerblumen seinen Höhepunkt. Das Schöne daran ist, dass man so immer mal wieder neue Akzente im Blumenbeet setzen kann. Aber auch Knollenpflanzen wie Dahlien und zahlreiche Stauden sorgen für eine große Blütenvielfalt im Garten.

Astilben sind besonders beliebt, weil sie im Halbschatten und Schatten während der Sommerwochen für Farbe sorgen. Dabei ist ein Faktor entscheidend für den Erfolg: Der Boden sollte humos und frisch bis feucht sein. Die Stauden können sehr alt werden, wenn der Standort passt.

Bechermalven gehören zu den einjährigen Sommerblumen und können gut als Lückenfüller verwendet werden. Die Farben sind Weiß und Rosa. Man sät am besten an Ort und Stelle oder setzt vorgezogene Jungpflanzen.

Dahlien wachsen aus Knollen und sind nicht winterhart. Daher werden sie erst im Frühjahr in die Erde gesetzt. Etwas beschleunigend wirkt das Vortreiben in Töpfen in der Nähe der Hauswand. Das hat zudem den Vorteil, dass man die zarten Triebe gut vor Schnecken schützen kann. Im Herbst gräbt man die Knollen vor dem ersten Frost aus und lässt sie in der Herbstsonne abtrocknen. Über Winter werden sie in Kästen mit Sägespäne oder etwas Erde frostfrei und kalt gelagert.

Indianernesseln haben sehr attraktive Blüten und aromatisch duftende Blätter. Die Horste werden zwischen 60 und 80 Zentimeter hoch. Man sollte auf eine gute Durchlüftung achten, weil einige Sorten recht anfällig für Mehltau sind.

Jungfer im Grünen ist eine blau blühende Sommerblume, die ballonartige Früchte bildet. Die Blätter sind nadelartig filigran. Sie eignet sich gut, um Lücken zu füllen. Da die Blütezeit nur wenige Wochen dauert, sät man im Abstand von zwei Wochen aus, so dass die unterschiedlichen Stadien die Blütezeit verlängern.

Kosmeen haben große weiße oder rosafarbene Blüten, die zu den Klassikern des ländlichen Gartens gehören. Sie blühen unermüdlich und sollten am besten direkt gesät werden, damit sie sich locker entfalten.

Mädchenaugen sind gelb blühende Stauden, die kleine Margeritenblüten haben. Sie bilden kurze Ausläufer und wachsen so im Laufe der Zeit zu stattlichen Pflanzen heran. Da das Laub aber sehr filigran ist, werden sie nicht lästig, sondern haben eine wirkungsvolle Leichtigkeit.

Ringelblumen sind sehr einfache Sommerblumen in Gelb und Orange, die man gut mit Kindern ziehen kann. Die Blütenblätter kann man sogar essen. Der Name stammt von den geringelten Samen, die man nach der Blüte ernten kann und für das nächste Jahr lagern sollte.

Roter Sonnenhut ist auch als Echinacea bekannt. Die pinkfarbenen Sorten zählen heute zu den Klassikern. Moderne Sorten haben gelbe und orangefarbene Blüten. Die Pflanze ist ein Markenzeichen von Präriepflanzungen. Sie braucht einen nährstoffreichen, durchlässigen Boden, der sich leicht erwärmt.

Sommerphlox gehört mit seinem Duft zu den typischen Blütenpflanzen des Sommers. Die Horste brauchen eine gute Durchlüftung und sollten unbedingt im Frühling mit viel reifer Komposterde bestreut werden, damit sie eine gute Standfestigkeit aufweisen.

Sonnenblumen werden aus Samen einjährig gezogen. Die einjährigen Sommerblumen haben ein Wurzelwerk, das verdichtete Böden lockert, und sind daher in den Anfangsjahren sehr wertvoll. Ideal sind Sorten mit einem verzweigten Wuchs, weil sie mehr Blüten hervorbringen.

Spinnenblumen verdanken ihren Namen den langen Staubgefäßen und den dünnen, langen Samenschoten. Die Blütenstände wachsen an der Spitze immer weiter, und man sollte bis in den Juli die Samenstände entfernen, damit die Kraft in die Blüten geht. Will man Samen für das nächste Jahr sammeln, dann lohnt es sich, einige Schoten ausreifen zu lassen.

Studentenblumen gibt es in vielen verschiedenen Blütengrößen. Man kennt die gelben und orangefarbenen Sommerblumen aus klassischen Sommerblumenpflanzungen. Es handelt sich um sehr gute Lückenfüller, die viel Wärme für die Entwicklung benötigen und Krankheitserreger im Boden verdrängen.

Taglilien tragen ihren Namen, weil jede Blüte einen Tag geöffnet ist. Die langen trichterförmigen Blüten wachsen aber ständig nach, und so hat man eine lange Blütezeit. Das Farbspektrum der Stauden reicht von Creme über Gelb bis hin zu Orange, Rosa und Rot. Wichtig ist ein guter Nährstoffvorrat im Boden.

Dahlien: Im Frühjahr gepflanzt entwickeln sich die Knollenblumen im Hochsommer zu einem Blütenmeer.

Indianernessel und blauer Ehrenpreis: In der vollen Sonne entfalten sich diese Stauden prachtvoll.

Zinnien wachsen schnell und blühen umso üppiger, je mehr Blüten man für die Vase schneidet. Sie lassen sich rasch aus Samen ziehen und brauchen einen guten Gartenboden, um sich kraftvoll zu entwickeln.

»»»»»»»» Gut zu wissen
Weitere empfohlene Sommerblüher Bartfaden / Gelenkblume / Gladiole / Lampionblume / Schleierkraut / Sonnenauge / Stockrose / Ziertabak «««««««««

Sommerphlox: Die kuppelartigen Blütenstände verbreiten im Garten einen angenehmen Duft.

Herbstblüher

Pracht-Fetthennen kommen mit trockenen Böden gut klar, aber es ist von Vorteil, wenn sie nicht zu mager stehen, denn die Blütenstände, die sich im Laufe des Sommers zu großen Blütentellern entwickeln, sind imposant. Hier finden Insekten auch spät im Jahr noch Nahrung, was man nicht nur sehen, sondern auch hören kann.

Herbstanemonen beginnen meist schon im August ihre rosafarbenen oder weißen Blütenschalen zu öffnen. Sie erinnern an feine Porzellanschalen und schweben auf hohen, kräftigen Stielen. Es handelt sich um Stauden, die sich durch Ausläufer ausbreiten, und gelegentlich muss man ihnen Einhalt gebieten, aber mit den ausgegrabenen Ablegern macht man sich viele Freunde, da jeder diese Schönheit gerne im Garten hat.

Herbstastern wachsen in die Höhe und haben sehr intensiv leuchtende Blüten in Violett, Rosa und Lila. Die Blüten sitzen dicht nebeneinander, so dass man mit diesen Pflanzen zum Jahresende ein wahres Feuerwerk der Farben starten kann. Nach der Blüte sollten die Astern zurückgeschnitten werden, denn durch Aussaat können die Farbkombinationen vermischt und

Herbstanemonen: Anspruchslos und zuverlässig sind die Stauden im halbschattigen Beet unter Bäumen.

so die Wirkung verwässert werden. Wichtig: Horste mit viel reifem Kompost verwöhnen, damit sie nicht von der Mitte kahl werden.

Herbst-Chrysanthemen bekommt man in Staudengärtnereien. Sie werden im Frühjahr gepflanzt und entwickeln sich dann zu den Stars, die noch bis in den November blühen. Die Farben reichen von Weiß über Gelb bis hin zu Rost- und Rottönen. Dabei leuchten diese Farben selbst an nebligen und trüben Tagen sehr intensiv.

Kissenastern sind die niedrigen Schwestern der Herbstastern. Sie bilden je nach Sorte mehr oder weniger starke Ausläufer und bedecken so mit ihren dichten Kissen größere Flächen. Wichtig ist ein nährstoffreicher Boden.

Myrthenastern haben sehr kleine, aber dafür sehr zahlreiche Blüten. Die Stängel sind straff und standfest, so dass man im Herbst einen sehr natürlich wirkenden Begleiter für Gräser und Herbst-Chrysanthemen in ihnen findet. Die Stauden brauchen einen nährstoffreichen, humosen Boden.

Oktobermargeriten werden unter guten Bedingungen bis fast zwei Meter hoch. Sie haben reich verzweigte Blütentriebe, die an einen Margeritenstrauß erinnern. Voraussetzung für das gute Wachstum ist ein leicht feuchter Boden, und in windigen Lagen sollte man darüber nachdenken, dem Oktoberblüher eine Stütze zu geben.

Gräser

Wenn der Sommer seinen Höhepunkt überschritten hat, rücken die Gräser in den Mittelpunkt des Geschehens. Sie entwickeln ihre stattlichen Blütenrispen, die sich im Wind wiegen und so das Thema Bewegung in den Garten bringen. Hier sind vor allem das niedrige Engelshaar, der Blaustrahlhafer und die Rutenhirse zu nennen. Kompakte, aber eindrucksvolle Blütenstände hat das Lampenputzergras. Als Sichtschutz und höheres Gestaltungselement hat sich das Chinaschilf mit seinen zahlreichen Sorten einen Namen gemacht. Unter den niedrigen Gräsern sind die Seggen und Schwingel sehr beliebt, weil sie mit grauen (Blauschwingel), rostbraunen (Bräunliche Segge) und gelben (Goldsegge) Blättern eine Farbstimmung im Beet sehr eindrucksvoll unterstützen.

Gräser: Zwischen den Blütenbällen des Zierlauchs lockern die feinen Gräserrispen auf.

Farne

Zwar gibt es auch für den Schatten einige Gräser wie Marbel und Wald-
schmiele, aber hinsichtlich der grünen Strukturen sind die Farne in diesem
Bereich eine große Bereicherung. Die Wedel sind je nach Art fein gefiedert
(Schildfarn) oder breit angelegt (Hirschzungenfarn). Der Rotschleierfarn
sorgt mit seinem rötlichen Austrieb für einen Blickfang, während die Entwicklung des Trichterfarns vor allem im Frühling schön anzusehen ist, wenn sich
die Wedel schneckenförmig nach oben ausrollen. Wichtig für Farne ist ein
humoser, leicht feuchter Boden. Sie brauchen wenig Nährstoffe und sollten
sich frei entfalten können.

Polsterpflanzen und Bodendecker

Zwischen Trittplatten, unter Sträuchern und an den Beeträndern kann man
mit Polsterpflanzen und Bodendeckern dafür sorgen, dass der Boden bedeckt
ist, Lücken gefüllt werden und sich kein Unkraut breit macht. Dabei gibt es

Farne: Wo die Sonne nicht hingelangt, sorgen die Waldgewächse für eine große Formenvielfalt

sowohl für den trockenen, heißen Standort als auch für den Schatten sehr pflegeleichte Pflanzen.

Aubrieta wird gerne auch Blaukissen genannt, weil es im Frühling dicht mit den lilafarbenen Blüten besetzt ist. Es wird nur wenige Zentimeter hoch, breitet sich aber zu einem ausgedehnten kompakten Kissen im Laufe der Jahre aus. Sehr schön für Mauern und Kanten. Ein Rückschnitt ist problemlos möglich. Das Pendant mit weißen und rosafarbenen Blüten bildet die Gänsekresse.

Dickmännchen oder **Ysander** ist einer der robusten Bodendecker, die auch im tiefen Schatten unter schlechten Konditionen noch perfekt wachsen. Die immergrünen Stauden werden knapp 30 Zentimeter hoch und können mit einer Heckenschere zurückgeschnitten werden, damit der Bestand kompakt bleibt. Ideal für Problemstandorte.

Elfenblumen sind zwar in der Regel wintergrün, haben aber eine sehr zarte Ausstrahlung. Die Blätter stehen auf drahtigen Stielen im Schatten und dazwischen erscheinen im Frühling die bezaubernden kleinen Blüten. Die Pflanzen brauchen einige Jahre, bis sie einen dichten Bestand gebildet haben, erweisen sich dann aber auch als langlebig.

Fetthennen gibt es in vielen verschiedenen Formen. Gerade die polsterbildenden Arten sind an trockenen Standorten wertvoll. Sie eignen sich auch für eine extensive Dachbegrünung und locken mit ihren Blüten Insekten an. Die fleischigen Blätter können Wasser speichern, so dass Trockenperioden leicht überstanden werden.

Frauenmantel wächst in Horsten, versamt sich aber rasch, so dass man halbschattige bis schattige Bereiche gut damit bepflanzen kann. Die Blätter der Stauden treiben im März und im Juni stehen auf kräftigen Stielen die winzigen gelbgrünen Blüten. Nach der Blüte kann man alles einmal herunterschneiden, so dass die Pflanze neu durchtreibt.

Frauenmantel: Die Blütenwolken umspielen geschickt die Ränder des Gartenweges.

Gedenkemein sieht dem Vergissmeinnicht sehr ähnlich, ist aber ein mehrjähriger Bodendecker, der sich im Schatten zu einer dichten Decke entfaltet. Er schließt Flächen sehr dicht und verdrängt so Unkraut.

Haselwurz ist ein immergrüner Bodendecker für den tiefen Schatten. Die nierenförmigen, dunkelgrünen Blätter sehen sehr gesund aus, und der Boden ist gut geschützt.

Immergrün blüht im Frühling mit lilablauen, weißen oder purpurnen Blüten. Die langen Triebe bedecken den Boden im Laufe der Jahre üppig. Das Wachstum wird gefördert, wenn man immer mal wieder reifen Kompost über die Pflanzen streut und darauf achtet, dass der Boden nicht zu trocken ist.

Lungenkraut ist im Frühling in voller Blüte. Die knapp 20 Zentimeter hohen Stängel stehen über den Blättern, die sich sehr rau anfühlen, aber unregelmäßige weiße Flecken haben. So kommt auch im Sommer eine lebendige Note in den Schatten.

Polsterthymian zählt zu den trittfesten Pflanzen, die zwischen Platten gut wachsen. Die Blüte ist im Juni und Juli auf dem Höhepunkt. Die Blätter duften aromatisch. Wichtig: Guter Wasserabzug und ein nicht zu nährstoffreicher Boden.

Schleierkraut gibt es auch in einer niedrigen Variante und diese deckt größere Bereiche im Blumenbeet spielend ab. Im Sommer entstehen so wunderbar leichte Blütenwolken zwischen Rosen und Stauden, auf Mauerkronen und neben Treppen.

»»»»»»»»» Gut zu wissen
Weitere empfehlenswerte Polsterpflanzen und Bodendecker Günsel / Polsterphlox / Schaumblüte / Taubnessel ««««««««

Köstliches

Obst

Nach der Art der Früchte unterscheidet man zwischen Beeren, Stein- und Kernobst. Bei allen Obstgehölzen, die einen Stamm haben, spielt neben der Sorte, die auf die sogenannte Unterlage veredelt wird, letztere eine bedeutende Rolle. Sie bestimmt den Wuchs des Baumes, seine Größe und Höhe. Man unterscheidet dabei vor allem nach der Stammhöhe. Für den kleinen Hausgarten sind schwach wachsende Unterlagen ideal, weil sie verhindern, dass der Baum schon nach wenigen Jahren das Bild des Gartens bestimmt beziehungsweise der Baum über den Garten hinausgewachsen ist. Wer Stein- oder Kernobst pflanzt, sollte unbedingt lernen, wie man Obstgehölze schneidet, denn der Schnitt hat einen großen Einfluss auf die Ernte. Grundsätzlich gilt es, die Baumscheibe eines Obstgehölzes gut zu pflegen. Das heißt man hält die Fläche offen und gibt reife Komposterde und Häcksel auf den Bereich über dem Wurzelkörper, damit die Versorgung optimal ist.

Apfel und Birne sind die Klassiker im Obstgarten. Während die Birne warme Lagen bevorzugt, sind Äpfel eher anspruchslos. Die Auswahl an Sorten ist breit gefächert. Es gibt zahlreiche alte, ebenso aber auch moderne Sorten. Allergiker finden in diesem großen Angebot auch verträgliche Sorten, die nicht ausschließlich, aber vielfach aus dem Repertoire der sogenannten Alten Äpfel stammen.

Blaubeeren kommen immer mehr in Mode, vor allem die Kulturheidelbeeren, die auf meterhohen Sträuchern wachsen. Sie brauchen einen humosen Boden mit einem niedrigen pH-Wert. Man sollte wissen, dass nur die oberen 40 Zentimeter von den Wurzeln durchdrungen werden. Das heißt: Nicht unter den Sträuchern hacken, sondern immer wieder eine dicke Packung reife

Apfelbaum: Niedrige Stämme sind ideal, damit auch die Kinder sich einen frischen Apfel pflücken können.

Johannisbeeren: Als Hochstämmchen finden sie auch im Blumenbeet noch einen Platz.

Komposterde verteilen. Die Ernte beginnt im Juli, allerdings sind die Beeren auch bei Vögeln sehr beliebt.

Brombeeren sollten als stachellose Sorten gepflanzt werden. Die Ruten werden an einem Drahtspalier gezogen und können bis zu acht Meter lang werden. Ein sonniger bis halbschattiger Standort ist ideal.

Erdbeeren sind ein herrliches Obst für Groß und Klein. Man kann die krautigen Pflanzen im Gemüsegarten in Reihen pflanzen, dabei wird ein weiter Reihenabstand von gut einem halben Meter empfohlen. Man kann aber auch im Schatten Walderdbeeren setzen, die viel kleiner, aber sehr aromatisch sind. Darüber hinaus gibt es eine Sorte mit dem Namen `Erdbeerwiese´, die man flächig als Bodendecker setzen kann. Sie liefert den ganzen Sommer kleine, süße Erdbeeren. Grundsätzlich sollte man auf hochwertige Sorten achten. Ausläufer werden nach der Ernte entfernt. Nur einige kräftige Kindel werden abgenommen und für ein neues Beet angezogen, denn meist nimmt nach drei Jahren die Vitalität einer Erdbeerpflanzung ab.

Himbeeren zählen zum klassischen Naschobst. Die Ruten werden an ein einfaches Drahtgestell gebunden und der Boden wird mit reichlich Kompost verbessert. Die ältesten Ruten werden immer wieder abgeschnitten. Himbeersorten, die im Herbst tragen, haben seltener Maden und sind weniger anfällig für eine Krankheit der Ruten. Wichtig: Der Boden um die Himbeeren wird nicht mit Geräten bearbeitet. Zur Lockerung kann man zwischen den Sträuchern Buschbohnen aussäen, die mit ihren Knöllchenbakterien für eine Stickstoffanreicherung im Boden sorgen.

Johannisbeeren gibt es als weiße, rote und schwarze Früchte. Es handelt sich um unterschiedliche Sorten, die alle recht anspruchslos sind. Die Sträucher werden nach der Ernte oder im Herbst gepflanzt und können auch als Füller zwischen Stauden einen Platz finden. Wichtig ist nur, dass die Lage vor Spätfrösten geschützt ist. Die Ernte beginnt im Juni und hält bis in den Juli an. Nach der Ernte schneidet man alte vergreiste Triebe aus dem Busch.

Die **Kirsche**, ein Klassiker des Steinobsts, unterteilt man in Süß- und Sauerkirschen. Wichtig zu wissen ist, dass die Süßkirschen in der Regel selbstunfruchtbar sind. Sie brauchen also einen geeigneten Pollenspender. Ideal ist ein warmer Standort, der vor Spätfrösten geschützt ist, weil sonst die Blüte unter den Minusgraden leidet. Während Süßkirschen zum Direktverzehr geeignet sind, liegen die Vorzüge von Sauerkirschen darin, dass man sie einkochen kann.

Kiwi sind Kletterpflanzen, die spät im Jahr nochmals reife Früchte bringen. Man braucht eine Mauer, an der man die Pflanzen in die Höhe ziehen kann. Außerdem muss man wissen, dass die meisten Kiwisorten männliche und weibliche Blüten an getrennten Pflanzen haben. Man braucht also mindestens eine männliche Pflanze, damit eine Fruchtbildung an einer oder mehreren

Gemüsebeet: Es kommt nicht auf die Größe an, sondern vor allem auf Vielfalt und Abwechslung.

weiblichen Pflanzen möglich ist. In den letzten Jahren kommen auch immer öfter die Kiwibeeren in den Handel, die viele kleine Früchte bilden.

Pflaumen können sehr unterschiedlich sein. Neben der Zwetsche und der Pflaume zählen auch Mirabellen und Renekloden zu dieser Gruppe von Steinobst. Die Früchte sorgen im Spätsommer und Herbst für eine gute Ernte. Die Sorten sollte man nicht ohne Geschmacksprobe auswählen.

Pfirsiche blühen bereits im März in kräftigem Rosa. Wichtig ist, dass die Bäume einen geschützten und warmen Standort haben, damit sich die Pflanzen gut entwickeln. Ideal sind die Bäume für das Weinbauklima.

Quitten kann man als Buschbaum oder Halbstamm kaufen. Es wird zwischen den rundlichen Apfelquitten und den länglichen Birnenquitten unterschieden. Die Ernte beginnt meist erst im Oktober. Dieses Obstgehölz ist vor allem wertvoll, weil es im Frühjahr recht große, weiße Blüten trägt. Die pelzigen Früchte müssen gekocht oder gebacken werden, bevor man sie genießen kann.

Stachelbeeren sind 1,5 Meter hohe Büsche, die es in verschiedenen Sorten gibt. Diese unterscheiden sich in der Farbe der Frucht (gelb oder rot) und in der Reifezeit. Mischt man die Sorten, so kann man die Erntezeit verlängern. Diese dauert von Juni bis Juli. Der Standort ist sonnig bis halbschattig.

Kürbis: Ideal neben dem Kompost, aber die Wuchsfreude ist nicht zu unterschätzen.

Gemüse

Gemüse teilt man in Gruppen, die vor allem das Erntegut beschreiben. So gibt es Blattgemüse, Fruchtgemüse, Stiel- und Wurzel- beziehungsweise Knollengemüse. Darüber hinaus werden einige Gattungen zusammengefasst, wie die zu den Hülsenfrüchten zählenden Erbsen und Bohnen, Zwiebeln und Lauch sowie Kohlgemüse.

Bohnen gehören zu den Hülsenfrüchten, die in die Familie der Schmetterlingsblüher eingeordnet werden. Sie haben Wurzelknollen, die in der Lage sind, Luftstickstoff zu binden. Dafür sind vor allem Bakterien in den Knollen verantwortlich. Dadurch können sich diese Pflanzen, die als Schwachzehrer gelten, selbst mit Stickstoff versorgen. Man unterscheidet Stangen-, Feuer- und Buschbohnen. Während die ersten beiden Formen kletternd wachsen und hierfür eine Stange benötigen, ist der buschige Wuchs typisch für die dritte Gruppe. Gesetzt wird im Mai direkt ins Freiland. Die Ernte beginnt dann im Juli. Ideal sind warme Standorte.

Erbsen, die ebenfalls zu den Schmetterlingsblühern gehören, werden in drei Gruppen geteilt. Bei den Zuckererbsen können die Hülsen mit verspeist werden, wenn die Körner noch nicht voll ausgereift sind. Schalerbsen können getrocknet werden, während die Markerbsen mit ihrem typischen süßlichen Geschmack nicht getrocknet werden können. Die Aussaat beginnt Ende April ins Freiland. Trockene, gut verzweigte Haselnussruten sind gute Kletterhilfen. Die Ernte dauert von Juli bis in den August.

Gurken brauchen viel Wasser, weil sonst der Geschmack der Früchte leidet. Man sollte auch beim Saatgutkauf darauf achten, dass die Sorte mehltauresistent ist. Die Vorkultur beginnt im April, ab Mitte Mai können die Pflanzen ins Freie. Einlegegurken wachsen kriechend, während Schlangengurken rankend an Schnüren oder Drähten in die Höhe klettern. Die Ernte beginnt im Juni und hält bis in den September an.

Kohl ist ein Starkzehrer, der unbedingt in der vierjährigen Fruchtfolge (S. 104) angebaut werden sollte. Der Boden leidet anderenfalls stark. Man unterscheidet Kopfkohl, Grünkohl, Brokkoli, Blumenkohl, Kohlrabi und Rosenkohl. Grundsätzlich braucht Kohl immer viele Nährstoffe, allerdings sollte kein frischer Mist gegeben werden, weil das den Geschmack beeinträchtigt. Abgesehen vom Kohlrabi, der meist schon nach sechs bis acht Wochen erntereif ist, stehen Kohlpflanzen über mehrere Monate, bis man sie ernten kann. Wertvoll sind vor allem Kopfkohl, Wirsing und Grünkohl als Wintergemüse.

Kürbis braucht viele Nährstoffe; häufig setzt man ihn an den Rand eines Kompostes (nicht auf den Kompost) und verhindert damit, dass Nährstoffe ungenutzt in das Grundwasser gewaschen werden. Gleichzeitig legen sich die Ranken als Schattierung über die volle Kompostmiete während der Rotte. Die Vorkultur beginnt ähnlich wie bei Zucchini und Tomaten im April auf der

Fensterbank. Ab Mitte Mai können die Pflanzen ins Freie, wobei man zwei Meter als Pflanzabstand einplanen sollte. Die Ernte beginnt meist Ende August bis Anfang September. Dabei sollte die Frucht einen hohlen Klang haben, wenn man daran klopft.

Lauch kann ab April im Freiland gesät werden. Der Boden sollte nährstoffreich sein. Um die Reife zu staffeln, bietet es sich an, im vierwöchigen Abstand einen zweiten Satz zu säen. Grundsätzlich kann man Lauch ab Herbst ernten und immer auch Stangen im Freien stehen lassen, damit man einen Wintervorrat hat.

Mangold ist ein beliebtes Blattgemüse, das bisweilen auch bunte Stiele in Gelb, Rot und Rosa hat. Daher wird diese Sorte häufig auch als Blattschmuck zwischen Sommerblumen gepflanzt. Die Saat wird mit einem Abstand von etwa 30 × 15 Zentimetern ausgebracht. Es bilden sich kräftige Rosetten mit langen Stielen. Geerntet werden immer die äußeren Stiele, während das Herz erhalten bleibt, um nachzuwachsen. Ein luftiger Stand verhindert, dass die Blätter von Mehltau befallen werden.

Möhren haben eine lange Keimzeit und benötigen einen lockeren Boden, damit sich die Wurzel gerade und gleichmäßig entwickeln kann. Man sät ab März im Freiland und kann meist nach vier Monaten mit der Ernte beginnen. Es gibt viele Sorten, die sich auch in der Farbe unterscheiden.

Die **Paprika** zählt zu den wärmeliebenden Fruchtgemüsen. Klein und scharf nennt man sie Chili, groß und mild Paprika. Die Vorkultur beginnt im März, und mit der Ernte kann dann im Juli begonnen werden. Es gibt sehr viele Sorten, wobei man sich beraten lassen sollte, welche gut gedeihen. Grundsätzlich brauchen Paprika reichlich Nährstoffe und viel Wasser.

Radieschen sind ein Wurzelgemüse, das man im Frühling als Vorkultur anziehen kann. Es wächst rasch. Die Aussaat beginnt im Februar im Freiland, und man kann wöchentlich neue Sätze ausbringen. Die Ernte beginnt vier Wochen nach dem Säen. Es gibt eine ganze Reihe von Sorten. Radieschen sind Kreuzblütler, daher sollte man immer wieder die Standfläche wechseln und sie nicht in der Fruchtfolge vor oder nach Kohl verwenden. Anderenfalls kann man die Kohlhernie, eine gefürchtete Kohlkrankheit, fördern.

Rhabarber ist eine Staude, die viele Nährstoffe braucht, aber jedes Jahr wieder kommt. Sie kann sehr alt werden. Rhabarber zählt zu dem Stielgemüse; die ersten Stiele werden bereits zum Monatswechsel März/April geerntet. Die Saison endet Ende Juni, weil sich die Pflanzen regenerieren müssen und die Stiele dann viel Oxalsäure enthalten. Rhabarber ist ideal neben Spinat und verträgt auch nicht vollsonnige Standorte; er wächst gerne z.B. im Halbschatten unter der Krone eines Obstgehölzes.

Rote Bete ist ein Wurzelgemüse, das ab Mai ausgesät wird. Die Rüben bilden sich dann innerhalb der folgenden drei Monate, wobei man beachten sollte,

Salat: Der Platz zwischen den Tomaten wird genutzt, das Erdreich schattiert und Austrocknung verhindert.

dass die Nachbarschaft zu Kartoffeln nicht förderlich ist. Das rotstielige Blattwerk sieht attraktiv aus und kann auch in Smoothies gegeben werden. **Salat** hat eine große Vielfalt. Die Pflanzen wachsen in der Regel schnell, und man kann regelmäßig ernten. Dabei ist es wichtig, dass man nie zu viel auf einmal pflanzt, weil man sonst mit dem Verbrauch nicht hinterher kommt. Pflücksalate haben den Vorteil, dass man nur die äußeren Blätter aberntet und das Herz weiter neue Blätter bildet. Rotblättrige Salate sind weniger anfällig für Läuse.

Beim **Sellerie** unterscheidet man Stauden- und Knollensellerie. Beide Formen benötigen einen nährstoffreichen Boden und werden ab Mai gepflanzt. Die Aussaat beginnt entsprechend vier bis sechs Wochen früher im Frühbeet. Wichtig bei der Pflanzung von Knollensellerie ist ein hoher Stand der Sämlinge. Werden sie zu tief gepflanzt, entsteht keine Knolle. Geerntet wird der Staudensellerie ab Sommer nach Bedarf. Vor dem ersten Frost sollte alles auf jeden Fall geerntet werden, wobei der Knollensellerie gute Lagereigenschaften im kalten Keller hat. Gute Partner sind Lauch und Buschbohnen.

Spinat ist eine Pflanze, die im Langtag, also wenn die Tage länger als zwölf Stunden sind, schnell schießt. Das heißt, man muss beachten, dass es Frühlings- und Herbstsorten gibt. Gesät wird im März beziehungsweise im August. Nach zwei Monaten kann die Ernte beginnen. Wichtig: Wurzeln lässt man im Boden, da sie förderlich für die Bodenverhältnisse und das Wachstum anderer Pflanzen sind.

Tomaten haben in den letzten Jahren einen enormen Boom erlebt. Man kann die wärmeliebenden Pflanzen im Topf oder in der Erde kultivieren. Für den Erfolg sind zwei Faktoren ausschlaggebend: Zum einen darf die junge Pflanze kein Wasser (Regen, Gießwasser) von oben bekommen, weil sie sonst leicht von der Braunfäule befallen wird. Die Pflanzen sterben dann von der Basis ab. Zum anderen sollten die Jungpflanzen ruhig etwas sparsam mit Nährstoffen versorgt werden. So bilden sie recht früh Blüten und setzen entsprechend früh Früchte an. Ideal ist ein organischer Dünger, den man an die Wurzeln gibt. Die Zeit, bis die Nährstoffe für die Pflanzen verfügbar sind, reicht aus, dass erste Knospen sichtbar werden. Es gibt viele Sorten, wobei man auf krankheitsresistente und bewährte Sorten ebenso viel Wert legen sollte wie auf schmackhafte Sorten. Hohe Tomaten werden an sogenannten Tomatenstäben aufgebunden.

Zucchini haben die Besonderheit, dass sie männliche und weibliche Blüten bilden. Nur letztere sind für die Fruchtbildung zuständig. Die Kultur beginnt im April auf der Fensterbank. Ab Mitte Mai können die Jungpflanzen dann ins Freie. Sie benötigen viel Platz, um sich zu entfalten, sowie einen sonnigen Standort. Die Ernte beginnt im Juni. Je kleiner und zarter die Zucchini sind, desto besser der Geschmack. Große Früchte haben vor allem viel schwammiges Fruchtfleisch im Innern der Schale.

Kräuter

Bei den Kräutern unterscheidet man im Grunde drei verschiedene Gruppen: einjährige, mehrjährige und mediterrane Kräuter. Grundsätzlich können Kräuter auf einem nährstoffarmen Boden gut wachsen. Das verhindert zum einen ein schnelles Wachstum und zum anderen fördert es ein kräftiges Aroma. Die einjährigen Kräuter zieht man jedes Jahr aus Samen neu, während die mehrjährigen über viele Jahre am gleichen Platz stehen können und von Jahr zu Jahr schöner werden. Wenn Estragon oder Zitronenmelisse im Laufe der Zeit zu groß werden, teilt man sie einfach in kleinere Stücke, von denen man ein oder zwei Stück neu pflanzt. Die mediterranen Kräuter, zu denen Rosmarin und Salbei zählen, sollten einen vollsonnigen Platz bekommen. Auch der Boden sollte eine gute Durchlässigkeit aufweisen. Vor allem für den Winter ist dies wichtig, weil die Halbsträucher bei kalter Feuchtigkeit an der Basis ihre

Vitalität einbüßen. Ideal ist es, die Erde unter diesen Kräutern mit einem hell-grauen oder beigefarbenen Splitt zu bedecken, weil so die Erde gut abtrock-net und viel Licht in die wintergrünen Triebe reflektiert wird.

Basilikum ist ein sehr wärmeliebendes Kraut. Es wächst erst richtig gut, wenn auch die Nachttemperaturen bei 20 °C liegen. Daher hat man bei uns im Freien nur bedingt Erfolg mit der Kultur. Außerdem ist ein frischer Boden förderlich. Das Strauchbasilikum, eine verholzende mehrjährige Form, ist vom Geschmack sehr ähnlich, aber wesentlich leichter in der Kultur.

Bohnenkraut stammt aus dem Mittelmeerraum. Es gibt eine einjährige Form, die ab Mai ausgesät werden kann. Dabei ist es wichtig zu wissen, dass es sich um einen Lichtkeimer handelt, dessen Saatgut nicht abgedeckt wer-den darf. Deutlich kräftiger im Aroma ist das mehrjährige Bohnenkraut, das bisweilen eine leichte Schärfe aufweist. Grundsätzlich sollte Bohnenkraut vor der Blüte geerntet werden.

Dill zählt zu den Doldenblütlern und kann hin und wieder Schwierigkeiten in der Kultur bereiten. Daher ist es wichtig, dass die Saat an einer sonnigen Stelle ausgebracht wird. Wie in der Küche passt auch im Gemüsegarten Dill sehr gut zu Gurken. Die Pflanzen sorgen dafür, dass der Dill einen schattigen Boden hat. Man kann die Samen selbst ernten, kurz bevor sie aus den grün-gelben Dolden herausfallen.

Estragon ist ausdauernd und gehört zu den Delikatessen aus dem Kräuter-beet, wobei die Pflanzen gut wachsen, wenn sie etabliert sind. Wichtig ist, dass der Boden humusreich und leicht feucht ist.

Kerbel ist ein einjähriges Kraut, das ab März gesät wird. Ein halbschatti-ger Platz ist ausreichend, so dass auch Rosen- und Staudenbeete in Frage kommen. Die Pflanzen wachsen rasch heran und können bereits nach sechs bis acht Wochen zur Ernte verwendet werden. Ideal ist die Partnerschaft mit Salat, weil der Kerbel vor Läusen und Schnecken schützt.

Koriander ist ein Kraut, das aus der südlichen Küche bekannt ist. Der Ge-schmack ist nicht jedermanns Sache, aber in sonniger, warmer Lage entwi-ckeln sich aus den Samen rasch kräftige Pflanzen. Geerntet wird Koriander noch vor der Blüte.

Majoran kann ab Mai gesät und sollte in die volle Sonne platziert werden. Ein humusreicher, durchlässiger Boden ist ideal für das robuste Kraut, das man den ganzen Sommer über frisch ernten kann.

Minze ist eine mehrjährige Pflanze, die sich durch Ausläufer vermehrt. Daher nie die Minze einfach ins Beet pflanzen, sondern einen Eimer oder großen Pflanzcontainer nehmen, den Boden abschneiden und das Gefäß im Beet versenken. So verhindert man, dass die Pflanzen wild zwischen den anderen Pflanzen herum vagabundieren. Grundsätzlich nicht sparsam sein beim Ern-ten, denn Minze wächst sehr gut.

Oregano nennt man auch Staudenmajoran. Das mehrjährige Kraut breitet sich durch Wurzelausläufer aus und wird gepflanzt oder gesät. Die jungen Blätter und Spitzen kann man laufend ernten. Auch zum Trocknen eignen sich die Blätter sehr gut.

Petersilie ist zweijährig und kann bereits ab März gesät werden. Der Standort darf halbschattig sein, wobei der Boden humusreich und durchlässig sein sollte. Die Frühjahrssaat braucht recht lange für die Entwicklung. Im August wächst Petersilie schneller. Der Standort für Petersilie sollte regelmäßig gewechselt werden, da Petersilie sich selbst nicht verträgt. In der Mischkultur hat sich Petersilie mit Studentenblumen bewährt.

Rosmarin ist bekannt für das kräftige Aroma und die nadelartigen Blätter. Er entwickelt kleine Sträucher, die im zeitigen Frühjahr hellblaue Blüten tragen.

Salbei hat große, silbrig graue Blätter an den verholzenden Trieben. Ähnlich wie Rosmarin sollte die Pflanze einen guten Wasserabzug haben und nur mäßig gedüngt werden. Die zarten Blätter können regelmäßig geerntet werden. Es ist eine Würzpflanze, die Schädlinge im Gemüse- und Ziergarten fern hält und daher auch in jede Pflanzung, die sonnig ist, integriert werden kann.

Schnittlauch ist mehrjährig und hat neben seinen schmackhaften Halmen sehr schöne rosaviolette Blüten. Diese kann man auch essen. Schnittlauch bildet im Boden kleine Zwiebeln, und man sollte die Pflanzen gelegentlich ausgraben und teilen, damit sie vital bleiben. Macht man dieses im Winter, so kann man Teilstücke auch auf der Fensterbank zum Ende des Winters antreiben und hat schon wieder frisches Kraut zum Würzen.

Thymian hat sehr kleine Blätter und braucht nur wenig Nährstoffe, damit er sich gut und kompakt entwickelt. Wichtig ist auch ein guter Wasserabzug im Boden. Vor der Blüte wird Thymian geerntet. Er eignet sich gut zur Abwehr von Läusen, und zwischen Kohlpflanzen vermindert er den Befall mit Kohlweißlingsraupen.

Zitronenmelisse ist vor allem im Frühjahr besonders aromatisch. Die Blätter sind in dieser Phase groß und zart. Die mehrjährige Pflanze wird bis zu 70 Zentimeter hoch und versamt sich unter guten Bedingungen reichlich im Beet.

Salbei (links) und Majoran: Für die mediterrane Küche ein unverzichtbares Kräuterduo.

Wer passt zu wem?

Die Pflanzen

Pflanzen mit gleichen Standortbedingungen passen sehr gut zusammen. Daher hat man gerade die mehrjährigen Gartenblumen danach eingeteilt. Dieses wissenschaftliche System, das einst von Prof. Dr. Richard Hansen entwickelt worden ist, berücksichtigt Licht- und Bodensituation als entscheidende Faktoren. Vorbild sind aber vor allem natürliche Pflanzengesellschaften, bei denen man weiß, dass diese Pflanzen in einer Gemeinschaft miteinander wachsen. Dabei handelt es sich aber immer eher um Wildpflanzen als um Zierpflanzen. Dieses System gibt einen guten Anhalt, und so findet man diese Angaben auch immer in den Katalogen von Staudengärtnereien.
Ein ganz wichtiger Aspekt für die Kombination ist die Lichtsituation. Man unterscheidet zwischen Sonne, Schatten und Halbschatten. Natürlich kann man Zierpflanzen, welche die Sonne bevorzugen, auch in den Halbschatten pflanzen. Hier werden sie sich gut entwickeln, aber vielleicht nicht so üppig blühen.
Aber es gibt auch gestalterische Anhaltspunkte, die das Zusammenspiel von verschiedenen Pflanzen harmonisch erscheinen lassen. So sind beispielsweise die Höhe, die Wuchsform und die Farben von Blättern, Blüten sowie Früchten ganz wichtige Aspekte für das Miteinander. Dann spielt es in einem sonnigen Blumenbeet auch keine Rolle, wenn man mehrjährige, einjährige und Zwiebelblumen miteinander mischt.
Ähnlich wie beim Gemüse gibt es auch bei den Zierpflanzen „Helfer", welche die Gesundheit der Pflanzen positiv beeinflussen. Sommerphlox wird zum Beispiel häufig von Fadenwürmern befallen. Studentenblumen helfen hier dabei, die aus dem Boden in die Pflanze eindringenden Schädlinge zu vertreiben. Auch Ringelblumen haben eine ausgleichende Wirkung auf die Gesundheit von Zierpflanzen, so wie beispielsweise ein paar Knoblauchzehen zwischen Stauden und Einjährigen die Ausbreitung von Pilzkrankheiten und Schnecken eindämmen können.

Blaues Lungenkraut und Farne: Dekorative Blätter ergänzen sich durch ihre starken Kontraste.

Rosen und ...

Es gibt zwei ganz klassische Verbindungen, wenn man in die Rosengärten schaut: Lavendel und Buchsbaum. Immer wieder findet man diese Kombinationen und ist versucht, die Anregung aufzunehmen. Allerdings ist die Rose eine Pflanze, die einen frischen, nährstoffreichen Gartenboden braucht. Das ist kein guter Start für den Lavendel, der es trocken, durchlässig und heiß liebt. Die Kombination funktioniert nicht wirklich gut. Auch mit dem Buchsbaum hat das Zusammenspiel so seine Probleme, denn der Buchsbaum will ebenso wie die Rosen richtig viele Nährstoffe haben. Rasch wird aus der Partnerschaft eine Konkurrenz, bei der in der Regel die Rose verliert. Also heißt es, darauf zu achten, dass die Rosen ein bisschen frei stehen, und mit Polsterglockenblumen, Rittersporn, Schleierkraut, Sommersalbei oder Katzenminze die Zwischenräume zu füllen, damit sich kein Unkraut breitmacht. Auch Kräuter wie Kerbel, Frauenmantel und Borretsch passen als dezente Begleiter gut zu der Königin der Blumen.

Befruchter für das Obst

Obstgehölze wie Apfel, Birne, Kirsche, Pflaume und Zwetschen können sich nicht zwangsläufig selbst befruchten. Sie benötigen Pollen von einer anderen Pflanze, um zahlreiche Früchte anzusetzen, die auf eine gute Ernte hoffen lassen. Dies sollte man bei der Wahl des Obstgehölzes unbedingt bedenken und sich auch in diesem Punkt beraten lassen. Manchmal reicht es aus, wenn der Nachbar einen passenden Baum im Garten stehen hat. Und bei Äpfeln sind auch Zieräpfel hervorragende Pollenspender. Welche Sorte im Einzelfall passend ist, kann man in Fachbetrieben erfahren. Auch im Internet gibt es eine Vielzahl von Tabellen, welche Sorten sich gut ergänzen.

Fruchtwechsel und Mischkultur im Gemüsegarten

Wenn man Gemüse anbaut, geht es um eine Ernte. Das bedeutet, die Pflanzen nehmen aus dem Boden Nährstoffe auf, bilden Blätter, Blüten und Früchte, die der Mensch erntet. Es ist einleuchtend, dass der Boden auf Dauer leidet. Gleichzeitig gibt es Pflanzen, die nur wenige Wochen von der Saat beziehungsweise Pflanzung bis zur Ernte brauchen, wie beispielsweise Salate. Andere dagegen stehen Monate an der gleichen Stelle und entziehen dem Boden richtig viele Nährstoffe. Das sind zum Beispiel die Kohl-Arten, aber auch Tomaten und Auberginen haben einen hohen Nährstoffbedarf. Diese

Einjähriger Rittersporn zwischen Rosen: Die Samen werden einfach zwischen den Rosen auf dem Boden ausgestreut.

unterschiedlichen Pflanzen werden also in drei verschiedene Kategorien eingeteilt: die Starkzehrer, die Mittelzehrer und die Schwachzehrer.

Wechselt man nun die Kulturen miteinander ab, vermeidet man, dass die
Pflanzen den Boden auslaugen und sorgt dafür, dass die Bodenstruktur trotz
der intensiven Nutzung schonend behandelt wird. Daher ist es üblich, dass
man Gemüse in Fruchtfolge anbaut. Man teilt sich die Fläche des Nutzgar-
tens ein und wechselt in den verschiedenen Bereichen den Anbau miteinander ab. Dabei wird ein Bereich mit Gründüngung (siehe Seite 41) eingesät,
so dass sich der Boden regenerieren kann. Zum guten Wachstum dieser
Pflanzen kann organischer Dünger zuvor eingearbeitet werden. Auf die vor-
jährige Gründüngungsfläche wird Komposterde gegeben und anschließend
können hier Starkzehrer angebaut werden. Eine dritte Fläche, die im Vorjahr
den Starkzehrern vorbehalten war, wird nun mit Mittelzehrern bestellt und
die vierte Fläche entsprechend für Schwachzehrer. So hat man einen recht
systematischen Kreislauf, der verhindert, dass Nährstoffe ungenutzt ausge-
waschen werden und den Boden in seiner Struktur schont.
Von der Mischkultur spricht man, wenn man verschiedene Gemüsearten
nebeneinander anbaut. Dabei gilt es zu berücksichtigen, dass sich nicht alle
Pflanzen gleich gut miteinander vertragen. So sind beispielsweise Erdbeeren
schlechte Partner von Kohlarten, Knoblauch verträgt sich nicht mit Erbsen,
und Radieschen gedeihen schlecht neben Gurken, um nur ein paar Beispiele
zu nennen. Gleichzeitig kennt man auch Kombinationen, die förderlich für
einander sind. So wachsen Kohlrabi gut neben Bohnen, Erbsen, Kopfsalat
oder Rote Bete. Gurken und Sonnenblumen sind ein gutes Paar. Knoblauch
ist gut für Himbeeren, Tomaten, Gurken, Möhren oder Rote Bete. Koriander,
Kümmel, Beifuß und Kamille sind Kräuter, die gut zu Kohlarten passen. In
der Mischkultur kann man auch die Wuchsformen gut miteinander mischen,
so dass die Pflanzen sich gegenseitig keine Konkurrenz machen, sondern
die Fläche ideal ausgenutzt wird. Es kann dann auch sein, dass Gemüse mit

Gestaffelte Höhe: Tomaten im Hintergrund, Paprika davor und als Rahmen Salat – so kann das Licht optimal genutzt werden.

unterschiedlicher Reife und Erntezeit nebeneinander gedeiht. Allerdings sind die Nachbarschaften sorgfältig ausgeklügelt, so dass alles gut zu einander passt, sich fördert und der Boden möglichst geschont wird.

»»»»»»»» Gut zu wissen

Gute Nachbarn
Zwiebeln und frühe Möhren
Lauch und späte Möhren
Buschbohnen und Bohnenkraut
Sellerie und Lauch
Salat und Schnittlauch
Möhren und Salat
Tomaten und Petersilie
Tomaten und Sellerie
Salat und Kohlrabi
Radieschen und Kohlrabi
Kohl und Buschbohnen
Gurken und Dill

Schlechte Nachbarn
Salat und Petersilie
Fenchel und Tomaten
Buschbohnen und Zwiebeln
Tomaten und Erbsen
Erbsen und Bohnen
Kartoffeln und
Sonnenblumen
Kartoffeln und Tomaten «««««««««

Schnittlauch im Salat: Schon im Garten sind die beiden ein perfektes Paar, das sich ergänzt.

Die Sache mit der grünen Wiese

Es stellt sich immer wieder die Frage: Braucht man eigentlich einen Rasen. Das ist natürlich eine persönliche Geschmacksfrage, aber wer Kinder hat, sollte die Spielqualität eines Rasens nicht unterschätzen. Es ist auch ein wunderbares Gefühl, sich mitten in den Garten zu legen und aus einer ganz anderen Perspektive die Blumen und Bäume zu betrachten und den sommerlichen Garten zu genießen. Und es ist gewiss etwas anderes, wenn man auf einer Decke liegt, als wenn man eine Gartenliege hat. Aber auch die braucht ihre Stellfläche, und da wird es im Staudenbeet gewiss schnell mal zu eng. Aber letztendlich muss jeder das für sich und mit seiner Familie entscheiden. Es ist aber mindestens so wichtig, dass man nicht den Fehler macht, die Wiese als viel pflegeleichter einzuschätzen als den Rasen. Das wäre ein fataler Fehler, denn die Wiese ist von der Anlage und Pflege eine hohe Kunst – und unbestritten eine sehr ästhetische.

Rasen – vom Samenkorn zum grünen Teppich

Für die Vorbereitung einer Rasenfläche sollte man am besten zunächst einmal alle Unkräuter gründlich entfernen. Vor allem die Wurzelunkräuter sind sehr lästig für die spätere Entwicklung. Also Löwenzahn wird ausgestochen, der Hahnenfuß und Wegerich wird ebenso wie Winden und Giersch bekämpft. Dann wird der Boden gelockert. Man kann das mit dem Spaten beziehungsweise der Grabegabel machen, aber es ist viel Arbeit, wenn man eine größere Fläche hat. Daher ist es anzuraten, diese mit einer Fräse zu machen beziehungsweise die Anlage einem Fachmann in die Hände zu geben. Gleichzeitig wird unbedingt Sand in den Boden eingearbeitet, wenn der Boden vorwiegend tonhaltig ist. Der Sand verhindert, dass das Gefüge beim Betreten stark verdichtet wird, und sorgt dafür, dass der Wasserhaushalt einigermaßen ausgeglichen ist. Auf die feinkrümelige, sehr glatte Oberfläche wird das Saatgut gestreut. Hier macht es Sinn, gezielt die richtige Mischung auszuwählen, und der Fachmann kann Sie da bestens beraten. Es

Grüner Teppich: Die Rasenfläche ist in jedem Garten ein angenehmer Ruhepol.

gibt Mischungen für Spielrasen, Schattenrasen, langsam wachsenden Rasen, einen mit Trockenheitsverträglichkeit, eine schnellkeimende Variante und, und, und ... Die Mischungen der verschiedenen Gräser beeinflussen ganz entscheidend den dauerhaften Erfolg mit dem Rasen.

Die Samen müssen gleichmäßig und nicht zu dicht ausgebracht werden. Da kann man einen Streuwagen zu Hilfe nehmen, der für eine gleichmäßige Verteilung sorgt. Anschließend wird alles mit einer Walze angedrückt; die muss man sich nicht anschaffen, sondern leiht sie sich bei einem Fachbetrieb aus. Anschließend wird gewässert. Nun sollte man darauf achten, dass die Vögel sich nicht gleich über die Körner her machen und vielleicht ein paar flatternde Folien- oder Alustreifen an Stöcken in die Erde stecken. Regelmäßiges Wässern hilft der Keimung auf die Sprünge. Nach zehn Tagen wird der grüne Flaum dichter und das Gras wächst zusehends. Ist die

Grasnarbe geschlossen, kann das erste Mal gemäht werden. Meist dauert das etwa vier bis sechs Wochen. Die Mahd regt die Gräser an, in die Breite zu wachsen und die Lücken zu schließen. Nach weiteren vier Wochen kann man etwas Dünger verteilen. Ideal für die Aussaat ist das Frühjahr oder der Spätsommer, weil der Boden dann eine ideale Temperatur hat, damit die Samenkörner rasch keimen.

Rasen-Pflege

Ein frischer grüner Teppich ist für viele Gartenliebhaber das Ziel aufwändiger Pflege, denn schließlich handelt es sich um eine Monokultur und nur mit Aufwand schafft man es, den Gräsern ein leichtes Leben zu machen. Im Frühling, wenn sich der Boden allmählich erwärmt, beginnt das Wachstum der Gräser. Sobald man erkennt, dass sich etwas tut, sollte man auch beginnen zu mähen. Zum einen sieht der Rasen dann gleich wieder gepflegter aus und zum anderen regt der Rückschnitt das Wachstum an. Bei jedem Rasenmäher kann man die Höhe des Grases einstellen, und diese Möglichkeit nutzt man auch immer wieder. Zum Beginn der Saison lässt man die Halme zunächst einmal etwas länger. Dennoch wird man nicht häufiger als einmal in der Woche mähen müssen. Jetzt ist es auch an der Zeit, den Rasen mit Nährstoffen zu versorgen. Die meisten Rasendünger sind allerdings von einer mineralischen Struktur, was für den Boden unter dem Rasen nicht förderlich ist. Also sollte man besser darauf achten, einen organischen Rasendünger zu

Rollrasen: Eine gute Bodenvorbereitung und eine fachgerechte Verlegung sind das A und O für das Gelingen.

verwenden. Er regt die Aktivität des Bodenlebens an, und so wird der Boden gelockert und er erwärmt sich schneller. Wenn man deutlich merkt, dass das Wachstum angekurbelt ist, wird der Rasen kürzer geschnitten. Von gut fünf Zentimetern können die Messer nun auf etwa drei Zentimeter Schnitthöhe gestellt werden. Kürzer sollte der Rasen nicht sein, sonst schädigt man ihn. Wer häufig mäht – also etwa jeden zweiten bis dritten Tag – kann das Schnittgut einfach liegen lassen. Der Fachmann spricht dann vom Mulchmähen. Es sind dann kaum einen Zentimeter lange Grashalme, die schnell verrotten und so für eine regelmäßige Nährstoffzufuhr im Rasen sorgen. Man spart also Dünger.

Im Verlauf der Saison wird die Schnitthöhe immer wieder variiert. Im Hochsommer sollte man die Halme höher stehen lassen, vor allem wenn es heiß und trocken ist. Der Vorteil besteht darin, dass sich in der Nacht, wenn die Temperaturen abkühlen, Tauwasser an den Halmen bildet, die Tropfen in den Boden rinnen und so auf ganz natürliche Art und Weise Feuchtigkeit zugeführt wird. Ebenso sorgen die Halme für etwas mehr Schatten, so dass der Boden weniger austrocknet. Ist der Hochsommer vorbei, kann man die Halmhöhe wieder reduzieren, bis man merkt, dass sich das Wachstum verlangsamt.

Wenn man von Rasenpflege spricht, kommt eigentlich ganz automatisch die Frage nach dem Vertikutieren. Damit meint man das Ausharken von Moos und Wurzelfilz mit einer Harke, die besonders scharfe Zinken hat. Es soll die Belüftung des Bodens verbessern und das Wachstum fördern. Man macht dabei aber häufig mehr Fehler, als dass man dem Rasen nützt. Erstens muss der Rasen im vollem Wachstum sein, wenn man vertikutiert. Nur so können Löcher, die ganz automatisch entstehen, rasch wieder geschlossen werden. Anderenfalls siedelt sich hier schnell Unkraut an. Für das gute Wachstum sollte zuvor gedüngt worden sein. Es reicht aus, wenn man alle zwei bis drei Jahre vertikutiert. Viel wichtiger ist es, dass man dafür sorgt, dass der Rasen gut abtrocknet. Vor allem im Herbst und Winter muss man daher Laub vom Rasen entfernen. Es verhindert eine gute Durchlüftung. Ebenso ist das Ausbringen von Sand auf dem Rasen förderlich, um die Kapillarwirkung zu verbessern und ein rasches Abtrocknen zu fördern. Weiterhin sollte man bei einem stark vermoosten Rasen immer den pH-Wert des Bodens bestimmen. Ist der Boden sehr sauer (dann ist der pH-Wert unter 6), fördert diese Situation den Wuchs von Moos. Kalk ist dann das Mittel der Wahl, um den pH-Wert anzuheben und dem grünen Filz zwischen den Halmen das Leben schwer zu machen. Sieht man, dass es abgestorben ist, kann man es mit dem Vertikutier-Rechen ausharken.

Mähen: Regelmäßiger Schnitt sorgt dafür, dass der Rasen schön dicht wächst.

Die Ränder

Ausdruck der Pflege sind beim Rasen auch die Ränder. Dazu mag jeder stehen, wie er möchte. Wenn man die Kanten regelmäßig absticht, verhindert man, dass sich der Rasen in die benachbarten Beete ausbreitet. Dazu nimmt man am besten den Spaten. Es ist hilfreich, wenn man eine knapp zehn Zentimeter tiefe kleine Kante stehen lässt, weil man so das erneute Einwachsen verhindert. Man kann es sich aber auch noch leichter machen. Wenn die Rasenfläche angelegt wird, fasst man den Rasen mit Metallkanten ein. Diese werden in den Boden gesteckt und verhindern das Einwachsen. Ein bis zweimal im Jahr leiht man sich einen Fadenschneider und geht damit einmal alle Kanten entlang. Wichtig ist natürlich, dass man immer bis dicht an den Rand mäht.

Rasen ausbessern

Es bleibt nicht aus, dass der Rasen mal nicht so schön ist. Hundebesitzer kennen die gelben Kreise an den Stellen, an denen sich der Hund verewigt hat. Das ist einfach ein Fall von Überdüngung durch den im Urin enthaltenen Stickstoff. Später wird es an den Stellen viel grüner als an den anderen Ecken. Und ebenso kommt es vor, dass man im Rasen Unkraut findet. Schließlich nutzen die Wildkräuter wie Löwenzahn und Gänseblümchen den Winter, wenn die Grasnarbe nicht so dicht ist, um sich auszubreiten. Und nun? Mit einem Messer kann man sie ausstechen. Wenn man konsequent ist, dann kann man die Situation so im Griff behalten. Bei Gänseblümchen – entschuldigen Sie die persönliche Meinung – ist es eigentlich auch gar nicht so schlimm, wenn sie das Grün auflockern. Ansonsten gilt es, den Rasen vital und gut ernährt zu halten, damit er sich wüchsig zeigt und besser wächst als Unkräuter. Im Hausgarten – wo es um nichts geht – wäre es auf jeden Fall eine Schande, mit Unkrautvernichtern zu arbeiten – für den Fall, dass es überhaupt durch ein Umweltschutzgesetz erlaubt wäre.
Durch die unterschiedliche Nutzung des Rasens kann es dazu kommen, dass die Rasenfläche uneben wird. Hier kann man ganz schnell aushelfen, indem man genau an dieser Stelle mit dem Spaten ein Kreuz in die Delle sticht und die Grasnarbe dann behutsam hochschält. Nun füllt man Rasenerde oder Sand darunter und drückt die Soden wieder gut an. Entstehen Löcher dadurch, dass der Rasen an mancher Stelle schlecht wächst, dann sollte man zunächst den Grund dafür abklären. Es können Pilzkrankheiten sein oder eben besagte Schäden durch Hunde. Ist nichts dergleichen der Fall, dann kann man einfach eine Reparaturrasenmischung aussäen. Sie besteht aus schnellkeimenden Gräsern, die rasch dafür sorgen, dass ein grüner Flaum die Fläche schließt.

Kante zeigen: Die breite Steinreihe trennt die Beetfläche vom Rasen und erleichtert das Mähen am Rand.

Pflanzen selbst vermehren

Zu sehen, dass etwas wächst, bereitet eine große Freude und ist ein wichtiger Bestandteil dessen, was Gartenglück ausmacht. Man hat ein kleines Stück Pflanze oder ein winziges schwarzbraunes Samenkorn, und daraus entwickelt sich dann ein Baum, eine Blume oder eine köstliche Frucht. Das ist eine Sensation. Man schaut zu, gärtnert, damit alles optimal läuft, und irgendwann ist es soweit. Deshalb macht es auch ganz viel Spaß, selbst Pflanzen zu vermehren, sie aus Samen zu ziehen und Samen zu sammeln, um sie vielleicht an Freunde weiterzugeben oder den Start für das nächste Jahr zu haben. Wer Pflanzen selbst vermehrt, sollte für die Kinderstube einige Grundsätze wissen, denn Jungpflanzen und frisch bewurzelte Stecklinge sind empfindlich und brauchen besonderen Schutz. Dieser bezieht sich zum einen auf die Wasserversorgung und zum anderen aber auch auf die Anfälligkeit für Krankheiten und Schädlinge. Darüber hinaus sind die zarten Pflänzchen nicht so hungrig, lichtempfindlich, wärmebedürftig und wenig konkurrenzstark. Also brauche ich einen geschützten Raum. Beim Profi handelt es sich um das Gewächshaus. Das ist sicher eine Option für langjährige Hobbygärtner mit ausreichend Platz, aber für den Anfang kann man auch ein kleines Fensterbankgewächshaus verwenden oder sich einen Frühbeetkasten zulegen. Hygiene ist das A und O, das heißt die Gefäße sollten immer sehr gründlich gereinigt werden, damit keine Krankheiten übertragen werden. Heißes Wasser und Desinfektionslösungen helfen dabei, Keime abzutöten. Die Erde sollte locker und gut durchlüftet sein. Darüber hinaus sind wenig Nährstoffe und Keimfreiheit wichtige Aspekte. Ideal sind Kräuter- und Aussaaterden, die sich sowohl für Sämlinge als auch für Stecklinge gut eignen. In der Regel kann man sie sogar noch zum Pikieren nutzen und geht erst anschließend zu einem Produkt über, das mit Nährstoffen versehen ist, oder setzt die Pflanzen dann direkt in den vorbereiteten Gartenboden.

Jungpflanzen: Vorsichtig nimmt man Sämlinge zum Umsetzen aus der Erde, damit die Wurzeln nicht abreißen.

Teilung

Teilung ist die leichteste Art, Pflanzen zu vermehren, denn dabei sitzen ganz viele Triebe mit eigenen Wurzeln dicht nebeneinander in der Erde, und wenn man sie voneinander trennt – also teilt – dann werden viele kleine neue Pflanzen daraus. Diese Methode eignet sich gut für alle mehrjährigen Pflanzen, die Horste bilden. Das können Kräuter wie Schnittlauch, Estragon oder Zitronenmelisse sein. Man teilt Narzissen, Schneeglöckchen und Traubenhyazinthen und Stauden wie Sommerphlox, Indianernessel, Mädchenauge, Sonnenbraut, Herbstastern und viele Gräser. Bei den meisten dieser Pflanzen ist die Teilung sogar erforderlich, um die Vitalität zu erhalten. In der Mitte werden die Horste nämlich im Laufe der Jahre kahl, weil die Triebe hier schlecht versorgt sind. Hinauszögern kann man das nur, indem man immer nach dem Rückschnitt viel reife Komposterde in die Mitte der Horste gibt und so eine bessere Nährstoffversorgung im Zentrum der Pflanze gewährleistet. Aber wie gesagt, man zögert die Teilung nur hinaus. Bei Narzissen erkennt man den richtigen Zeitpunkt daran, dass die Blüten weniger werden bei einer reichen Blattmasse. Ganz unterschiedlich ist es, wie behutsam man mit den Pflanzen umgehen muss. Verbirgt sich im Erdreich eine Zwiebel, dann nimmt man am besten die Grabegabel und nimmt die Pflanzen komplett aus dem Boden. Wirft man den Ballen mit gemäßigtem Schwung auf das Beet, fällt alles meist schon auseinander, und man kann jede einzelne Zwiebel aufnehmen und wieder pflanzen. Schneeglöckchen werden in Tuffs geteilt, damit sie gleich ein bisschen mehr hermachen. Bei Stauden dagegen kann man auch gröber ans Werk gehen. Hier kommt man am besten mit dem Spaten weiter. Man teilt den Horst in vier bis acht Teilstücke, setzt ein, zwei wieder ein, pflanzt weitere an einer anderen Stelle und verschenkt ein paar Ableger. Möglichkeiten, die Pflanzen zu verwenden, gibt es immer, und notfalls freut sich die Initiative eines Urban Gardening Projekts über die kostenlose Gabe. Der richtige Zeitpunkt für die Teilung hängt immer von den Pflanzen und ihrem Wachstumsrhythmus ab. Die Zwiebelblumen erkennt man am besten, solange sie noch Blätter haben. Man teilt also nach der Blüte der Frühlingsblüher. Die Stauden dagegen sind besser im Herbst oder Frühling zu teilen. Wichtig ist, dass sie wenige Triebe haben, weil man dann auch nichts abbrechen kann. Die welken Frühlingsblüher sind also direkt nach der Blüte leicht zu teilen, bei Pfingstrosen bietet sich auch die Zeit nach der Blüte an; Sommerphlox, Katzenminze und Storchschnabel können auch gut im Frühjahr, wenn der Austrieb beginnt, geteilt werden. Polster- und Teppichpflanzen können leicht durch Teilstücke vermehrt werden, vor allem dann, wenn sie auf der Unterseite der Triebe Wurzeln bilden oder sich mit Hilfe von Ausläufern im Garten verbreiten. Auch hier kann man etwas abstechen und neu pflanzen.

Teilung: Mit dem Spaten werden große Pflanzenhorste aufgeteilt und können neu gepflanzt werden.

Aussaat

Wenn der Garten noch ruht, kann man auf der Fensterbank mit der Aussaat beginnen. Wichtig ist, dass die Pflanzen, die heranwachsen, viel Licht bekommen. Nordfenster oder eine Kommode irgendwo im Raum kann man sich als Standort für die Kinderstube des Gartens aus dem Kopf schlagen. Es muss schon eine helle Fensterbank sein. Ideal ist es, wenn die Fensterbank von unten warm wird, so fördert man automatisch die Bodentemperatur und verbessert für die meisten Pflanzen die Keimbedingungen.

Bevor man anfängt auszusäen, sollte man sich ganz genau die Frage stellen, welche Pflanze man in welcher Menge braucht. Es macht keinen Sinn, Unmengen an Sämlingen zu produzieren und dann nicht zu wissen, wohin damit. Gegebenenfalls teilt man sich mit einem Gartenfreund oder einer -freundin die Arbeit. Der beziehungsweise die eine sät die Tomaten, der andere Auberginen. Später tauscht man dann aus.

Man kann sehr gut für die Aussaat Fensterbankgewächshäuser verwenden. Diese werden mit Anzuchterde direkt gefüllt oder man stellt ausgediente Joghurtbecher mit Loch im Boden oder überzählige Blumentöpfe hinein. Wichtig: Alles muss gründlich gereinigt werden. Mit einem kleinen Brett oder den Händen wird die Erde glatt angedrückt, wobei man nur wenig Druck ausüben sollte. Anschließend kann alles mit einer feinen Brause gewässert werden.

Nun wird ein Etikett mit Bleistift oder einem wasserfesten, lichtechten Filzstift beschriftet. Dabei kommen der Name und das Aussaatdatum auf das Etikett. Letzteres hilft einem, wenn sich die Frage stellt, ob die Samen aufgehen oder nicht. Nun werden die Samen auf die Erde gesät, dabei ist es wichtig, dass die Körner gleichmäßig gesät werden. Bei der Einzelsaat legt man immer zwei Körner nebeneinander in einen Topf. Das erspart später lästiges Vereinzeln, aber man braucht von Anfang an viel Platz dafür.

Die Saat wird nun nochmals dünn mit Aussaaterde abgestreut. Am einfachsten siebt man etwas Erde darüber. Allerdings muss man bei Lichtkeimern aufpassen, denn sie dürfen diese Abdeckung nicht bekommen. Bekannt als Lichtkeimer sind beispielsweise Basilikum, Tomate, Dill, Kresse und Kopfsalat sowie Leberbalsam und Löwenmäulchen. Nun wird alles mit einer Handbrause übersprüht und der Deckel wird darüber gedeckt. Sollte es anfangs sehr feucht sein, kann man einfach mal den Deckel zum Lüften aufstellen, denn sonst macht sich schnell Fäulnis breit. Sobald die ersten Keimlinge sichtbar werden, sollte das Dach aber erstmal geschlossen bleiben, damit es nicht zieht. Nur zum Besprühen wird es geöffnet, und das wird immer öfter notwendig, wenn die Pflanzen wachsen. Wenn sich die ersten beiden richtigen Blattpaare ausgebildet haben, wird es Zeit, die Saat zu vereinzeln. Hier kann man nun ausgediente Eierkartons, Holzkisten oder leere Blumentöpfe verwenden.

Vervielfältigung: Samen werden mit etwas Abstand auf der Aussaaterde ausgestreut.

Für das Pikieren hebt man die Saat leicht an und lockert die Pflanzen. Dann immer ein Pflänzchen mit den Fingern aufnehmen und die Wurzel ein bisschen einkürzen, damit sie lang in das vorgebohrte Loch hängt und nicht umknickt. Ein Pikierholz – das kann ersatzweise auch einfach ein Bleistift sein – hilft beim Lochmachen und kann auch zum Aufnehmen der Pflanzen und zum späteren Andrücken verwendet werden. Anschließend werden die Sämlinge mit einer feinen Brause angegossen. So sackt die Erde noch etwas nach. Man muss aber berücksichtigen, dass die zarten Pflänzchen keinen Halt haben. Wer keine feine Brause hat, sprüht einfach mit einem Sprüher. Wenn die Pflanzen sich dann gut entwickelt haben und der Wurzelballen kompakt ist, geht es für die Pflanzen ins Freiland. Stichtag hierfür ist in der Regel Mitte Mai, wenn die Eisheiligen vorüber sind.

>>>>>>>>>>>> Gut zu wissen

Die Vagabunden Es gibt eine ganze Reihe von Pflanzen, die sich durch Selbstaussaat im Garten ausbreiten. Es sind vor allem Zweijährige und kurzlebige Stauden. Zu dieser Gruppe gehören zum Beispiel Akeleien, Vergissmeinnicht, Spanisches Gänseblümchen und Fingerhut. Sie tauchen immer wieder an verschiedenen Stellen im Garten auf, und man sollte ruhig auch immer ein paar Samenstände im Garten ausschütteln, denn die Pflanzen machen wenig Arbeit und sind sehr blühfreudig. <<<<<<<<<<<

Direktsaat

Viele Gemüsearten werden am besten direkt gesät. Es empfiehlt sich aber auch bei den Gartenblumen, wirklich nur solche auf der Fensterbank anzuziehen, die wirklich viel Wärme oder etwas mehr Schutz vor Schnecken brauchen. Wicken, Ringelblumen, Sonnenblumen und viele andere Pflanzen kann man ganz getrost direkt aussäen. Man muss nur darauf achten, dass man nicht zu viel sät und nach der Keimung gegebenenfalls die Abstände zwischen den Pflanzen etwas vergrößert. Möhren, Radieschen, Feldsalat, Erbsen und Bohnen – all dieses Gemüse wird ebenfalls direkt gesät. Mit dem Stiel der Harke zieht man eine Rille in den Boden und dann wird das Saatgut gestreut. Bei Bohnen und Erbsen kann man die Samen über Nacht in Wasser einlegen, damit sie schon mal quellen können. Sie starten dann schneller. Die Rillen werden dann mit den Zinken des Rechens wieder zugedrückt und angegossen. Wie immer macht es Sinn, das Samentütchen oder ein Etikett mit einzugraben,

Next Generation: Reife Samen kann man im eigenen Garten ernten, wenn die Kapseln trocken sind und aufplatzen.

damit man dann auch weiß, was wachsen soll. Abschließend wird natürlich gewässert. Bei Wurzelgemüse sollte der Abstand groß genug sein, damit sich die Speicherorgane, die man erntet, auch ungestört entwickeln können.

Samen sammeln

Natürlich kann man auch selbst Samen sammeln, um neue Pflanzen im nächsten Jahr daraus zu ziehen. Man kann dieses Saatgut auch nutzen, um mit Bekannten zu tauschen oder Geschenke daraus zu machen. Schließlich hat man Erfahrungen gemacht und kann seine persönlichen Favoriten auf diese Art und Weise verbreiten.

Reife Samen findet man im Garten, sobald die ersten Blüten abgeblüht sind. An den Blütenstielen der Schneeglöckchen baumeln im März dicke grüne Kügelchen, und bald schon platzen auch die Früchte der Winterlinge auf. Und so geht es dann unermüdlich bis in den Herbst weiter. Man muss für sich entscheiden, welche Pflanzen man selbst durch Samen vermehren will und wo man es der Natur überlässt. Bei Tomaten – das ist klar – wird man die Samen ernten, bei Schneeglöckchen kann man getrost darauf setzen, dass Ameisen die Samen im Garten verbreiten. Denn mitunter ist es gar nicht gut, wenn die Samen lange gelagert werden, sondern die natürlichen Bedingungen im Garten sind viel besser.

Es lohnt sich vor allem bei Einjährigen zuzugreifen, wenn die Kapseln reif sind. Dazu gehören Mohn, Kapuzinerkresse, Ringelblume, Sonnenblumen und Studentenblumen. Bei den Zweijährigen erledigt sich die Aussaat zwar häufig von alleine (S. 124), aber manchmal möchte man ja die Pflanzen doch noch an einer ganz anderen Stelle haben. Dann sind Stockrosen, Fingerhut, Muskatellersalbei und Vergissmeinnicht nach der Blüte gut zu beernten. Bei den Stauden muss man schauen, was man wirklich haben möchte. Es ist natürlich toll, wenn man nach ein paar Jahren ein Meer aus selbstgezogenen Christrosen hat oder richtig viel Rittersporn anzieht, damit wirklich irgendein Pflänzchen die Schneckeninvasion überlebt, aber man sollte wissen, dass es von vielen Stauden Sorten gibt, und diese sind selten über Samen zu vermehren.

Für den Kräutergarten erntet man die Samen von Dill, Kerbel und Borretsch, wobei letzterer sich meist ganz von alleine aussät, und dann kann man die Sämlinge einfach umsetzen.

Gemüsesamen lassen sich ernten, wenn man zum Beispiel Bohnen und Erbsen verwendet. Salate und viele andere Gemüsearten bilden erst im zweiten Jahr Blüten. Häufig spricht man davon, dass Salat oder Kohl schießt. Bei samenechten Sorten kann man einfach zwei, drei Pflanzen stehen lassen, um sie für die Samenernte zu bewahren.

Die Sache mit den F1-Hybriden Einen Punkt muss man allerdings wissen, wenn man selbst Samen sammelt. Will man besondere Sorten aus den Samen ziehen, dann dürfen die Elternpflanzen, bei denen man die Saat erntet, keine F1-Hybriden sein. Das sind Züchtungen der ersten Generation, deren Samen alle die gleichen, positiven Eigenschaften haben. Wenn diese dann aber Samen bilden, kommt es zu einer Vermischung von Eigenschaften. Die nächste Generation, also F2, bringt ganz andere Früchte oder Wuchseigenschaften hervor, die nicht zwangsläufig positiv sind. Außerdem enthält jede Pflanze andere Eigenschaften. «««««««««

Bei Samen, die im Fruchtfleisch stecken, ist es so eine Sache, diese tatsächlich herauszulösen. Nehmen wir das Beispiel Tomate. Jeder kennt diese glibbrige Ummantelung der Samenkörner. Hierbei handelt es sich um einen natürlichen Schutz, damit die Samen nicht bereits im feuchten Fruchtfleisch wieder keimen. Man kratzt die Samen in ein Schraubdeckelglas und gibt bis zur Hälfte Wasser in das Glas. Nun schüttelt man einmal kräftig und wird in den nächsten Tagen sehen, dass die Masse beginnt zu gären. Bei diesem Prozess wird die Hülle um den Samen zerstört. Man öffnet das Glas, und nach 14 Tagen kann man alles in ein feines Küchensieb geben und die Samen mit klarem Wasser abspülen. Nun müssen die Kerne nur noch trocknen und können dann gelagert werden. Das funktioniert mit allen Samen, die in weichem Fruchtfleisch lagern, sehr gut.

Samen aufbewahren

Für das Sammeln der Samen braucht man auf jeden Fall immer leere Gefäße oder Papiertüten, in die man die Samen füllt. Gleich danach muss der Name oder – wenn man den nicht weiß – zumindest eine Kurzbeschreibung der Pflanze dazu festgehalten werden. Die Samen müssen dann noch ein bisschen an einem kühlen, schattigen, aber vor Regen geschützten Ort nachtrocknen. Es macht auch Sinn, dass man darauf achtet, dass weder Vögel noch Nager sich über die Vorräte hermachen. Im Winter wird dann alles mit Hilfe eines Siebs gereinigt. Trockene Teile von den Kapseln und Früchten trennt man von den Körnern. Die Samen werden in die Luft geworfen, man bläst vorsichtig in die herunterrieselnden Samen und fängt nur diese auf. Das braucht ein bisschen Übung, funktioniert aber immer. Anschließend kann man die Samen in Butterbrottüten, Papierumschläge oder dunkle Schraubdeckelgläser füllen, um sie dann im Frühling auszusäen. Man kann sich immer einen kleinen Notvorrat aufbewahren, für den Fall, dass etwas nicht gelingt oder man im nächsten Herbst nicht zur Samenernte kommt. Daher immer das Jahr der Ernte auf dem Aufbewahrungsgefäß notieren. Bei einer kühlen, dunklen Lagerung ist die Keimfähigkeit für zwei bis drei Jahre eigentlich immer gegeben. Innerhalb dieser Zeit sollte dann alles auch verbraucht beziehungsweise verschenkt werden, damit Platz für neues Saatgut vorhanden ist.

Garten der Zukunft: In Gläsern und Tüten, die beschriftet sind, wird das Saatgut bis zum Frühjahr gelagert.

Arbeitskalender

Frühling

》 Anzucht auf der Fensterbank ab März. Vor allem Tomaten, Auberginen, Paprika und Sommerblumen wie Zinnien, Studentenblumen, Kapuzinerkresse, Ringelblumen und Spinnenblumen.

》 Winterschutz entfernen.

》 Schnecken jetzt schon sammeln. Dafür Bretter oder ausgepresste Orangenhälften in die Beete legen. Darunter sammeln sich die Schnecken.

》 Rückschnitt im Staudenbeet. Reife Komposterde zwischen den Stauden verteilen. Staudenstützen bei hohen Stauden gleich wieder aufstellen, damit sie frühzeitig hineinwachsen.

》 Große Stauden ggf. jetzt teilen.

》 Rosen schneiden, wenn die Forsythien blühen.

》 Ab April können die ersten Sämlinge pikiert werden.

》 Das erste Gemüse im Freiland aussäen: Möhren, Radieschen, Salat.

》 Solange die Stauden niedrig sind, unbedingt nochmals die Zwischenräume hacken.

》 Nach den Eisheiligen Dahlien & Co. pflanzen.

》 Dünger ausbringen.

》 Frühlingsblühende Gehölze nach der Blüte zurückschneiden.

Sommer

》 Stauden aufbinden und eventuell bei dichten Horsten jeden dritten Trieb entspitzen.

》 Rasen regelmäßig mähen und ausbessern.

》 Kräuter vor der Blüte ernten und bevorraten.

》 Welke Blüten ausputzen.

》 Erntezeit im Obst- und Gemüsegarten.

》 Herbst- und Wintersalate säen beziehungsweise pflanzen.

》 Zweijährige wie Vergissmeinnicht und Stockrosen anziehen.

》 Samen sammeln.

》 Hecken schneiden.

》 Bei Trockenheit gießen.

Herbst

» Erntezeit für Obst und Gemüse vor dem Winter. Ganz wichtig: Auch die Fruchtmumien müssen entfernt werden, da sie sonst die Krankheiten weiter übertragen.

» Zeit für Wintersalate. Zum Herbstanfang säen und pflanzen.

» Herbstputz in den Beeten und nochmals Unkräuter gründlich entfernen.

» Staudenstützen, die nicht mehr gebraucht werden, einsammeln und reinigen.

» Samen sammeln von Pflanzen, die man im nächsten Jahr vermehren möchte.

» Zwiebelblumen für die Frühjahrsblüte setzen.

» Dahlien und andere nicht winterharte Zwiebelblumen vor dem Frost aus der Erde holen.

» Laub vom Rasen entfernen.

» Einjährige, die beim ersten Frost erfroren sind, können entfernt werden.

» Vogelhäuschen aufstellen und Winterquartiere für die Tiere schaffen.

Winter

» Kündigt sich Dauerfrost an, sollten frische Pflanzungen abgedeckt werden. Ideal sind Zweige vom Tannenbaum, Laub und Vlies.

» Schneelast muss man von Immergrünen und Nadelgehölzen behutsam abnehmen, um Bruch zu vermeiden.

» Samen reinigen und lagern.

» Geräte pflegen.

» Bei frostfreiem Wetter die Immergrünen bei Bedarf gießen.

» Pflanzen und Saatgut bestellen.

» Obstgehölze bei frostfreiem Wetter schneiden.

» Organischen Dünger (z.B. Pferdemist) im Spätwinter an Rosen, Stauden und frühlingsblühenden Gehölzen verteilen.

Allgemeine Adressen

Bodenproben

werden über die Landwirtschaftskammern analysiert:

Landesbetrieb Hessisches Landeslabor, www.lhl.hessen.de

Landwirtschaftliche Untersuchungs- und Forschungsanstalt der LMS, www.lms-lufa.de

Landwirtschaftliche Untersuchungs- und Forschungsanstalt Speyer, www.lufa-speyer.de

Landwirtschaftskammer Niedersachsen, www.lufa-nord-west.de

Landwirtschaftskammer Nordrhein-Westfalen, www.lufa-nrw.de

Pflanzenschutzämter

Landwirtschaftliches Technologiezentrum Augustenberg, www.ltz-augustenberg.de

Regierungspräsidium Stuttgart, Pflanzenschutzdienst, www.rp.baden-wuerttemberg.de

Regierungspräsidium Karlsruhe, www.rp.baden-wuerttemberg.de

Regierungspräsidium Freiburg, www.rp.baden-wuerttemberg.de

Regierungspräsidium Tübingen, www.rp.baden-wuerttemberg.de

Bayerische Landesanstalt für Landwirtschaft, Institut für Pflanzenschutz, www.LfL.bayern.de/ips

Pflanzenschutzamt Berlin, www.stadtentwicklung.berlin.de/pflanzenschutz/pflanzenschutzamt/

Landesamt für Ländliche Entwicklung, Landwirtschaft und Flurneuordnung, www.lelf.brandenburg.de

Lebensmittelüberwachungs-, Tierschutz- und Veterinärdienst des Landes Bremen, www.lmtvet.bremen.de

Behörde für Wirtschaft, Verkehr und Innovation, www.hamburg.de/pflanzenschutzamt

Regierungspräsidium Gießen, www.pflanzenschutzdienst.rp-giessen.de

Landesamt für Landwirtschaft, Lebensmittelsicherheit und Fischerei Mecklenburg-Vorpommern (LALLF), Abt. 4: Pflanzenschutzdienst, www.lallf.de

Landwirtschaftskammer Niedersachsen, Pflanzenschutzamt (Hannover), www.lwk-niedersachsen.de

Pflanzenschutzamt Oldenburg, www.lwk-niedersachsen.de
Landwirtschaftskammer Nordrhein-Westfalen,
www.landwirtschaftskammer.de/landwirtschaft/pflanzenschutz
Ministerium für Umwelt, Landwirtschaft, Ernährung, Weinbau und Forsten
Rheinland-Pfalz, www.mulewf.rlp.de
Landwirtschaftskammer für das Saarland,
www.lwk-saarland.de/22.0.html
Sächsisches Landesamt für Umwelt, Landwirtschaft und Geologie,
www.smul.sachsen.de/lfulg
Landesanstalt für Landwirtschaft und Gartenbau (LLG),
www.llg.sachsen-anhalt.de
Landwirtschaftskammer Schleswig-Holstein, www.lksh.de
Thüringer Landesanstalt für Landwirtschaft (TLL),
www.thueringen.de/th9/tll/pflanzenproduktion/pflanzenschutz

Gartenzubehör

(Werkzeuge, biologisch gärtnern, Hilfsstoffe)
Gartenversand Richard Ward, www.gartenbedarf-versand.de
Bioland Hof Jeebel, www.biogartenversand.de
Neudorff GmbH, www.neudorff.de

Saatgut

Dreschflegel, www.dreschflegel-shop.de
Nebelung, www. Shop/nebelung.de

Gärtnereien mit Versand

Noack Rosen, 33334 Gütersloh, www.noack-rosen.de
Daniel Rühlemann, Kräuter und Duftpflanzen, 27367 Horstedt,
www.kraeuter-und-duftpflanzen.de
Staudengärtnerei Gaissmayer, 89257 Illertissen, www.gaismeyer.de
Staudengärtnerei Zeppelin, 79295 Sulzburg, www. Graefin-von-zeppelin.de
Stauden-Stade, 46325 Borken-Marbeck, www.stauden-stade.de

Alle Angaben ohne Gewähr

Register

Bildnachweis

Die Fotos stammen von Martin Staffler, Stuttgart (www.gartenfoto.eu).

Die Autorin

Die Gartenbau-Ingenieurin Dorothée Waechter ist als Fachjournalistin für verschiedene Gartenzeitschriften tätig und tritt außerdem im Fernsehen als Gartenexpertin auf. Bei Thorbecke erschien von ihr bereits „Gärtnern (fast) ohne Gießen", „Blütentrubel – Gärtnern mit bunten Blumenmischungen" und „Biogarten im Handumdrehen".